Treinta días en Moscú

Año 0, 2

Treinta días en Moscú

JOSÉ MANUEL PRIETO

Quedan rigurosamente prohibidas, sin la
autorización escrita de los titulares del
copyright, bajo las sanciones establecidas por las
leyes, la reproducción total o parcial de esta obra
por cualquier medio o procedimiento,
comprendidos la reprografía y el tratamiento
informático, así como la distribución de ejemplares
de la misma mediante alquiler o préstamo públicos.

© 2001 José Manuel Prieto
© 2001 de la presente edición para todo el mundo:
MONDADORI (Grijalbo Mondadori, S.A.)
Aragó, 385. 08013 Barcelona
www.grijalbo.com
Primera edición
ISBN: 84-397-0811-4
Depósito legal: B. 45.329-2001
Impreso en Carvigraf, Cot, 31. Ripollet (Barcelona)

ÍNDICE

En el aire 9
Julio del 2000. Primera semana 15
Julio del 2000. Segunda semana 47
Julio del 2000. Tercera semana 85
Julio del 2000. Cuarta semana 135
En el aire otra vez 161

EN EL AIRE

Antes de que tocáramos tierra releí rápidamente *El año 2000 (Looking Backward – If socialism comes 2000-1887)*, de Edward Bellamy. Una utopía futurista que, curiosamente, nadie reeditó este año. Cuando Julian West despierta de un sueño cataléptico en el sótano de su casa (arrasada por el fuego en 1887), sale a un elevado balcón y ve desde allí una ciudad del futuro (no Moscú, otra):

> A mis pies yacía una gran ciudad que se extendía en todas las direcciones. Se alcanzaban a ver millas enteras de calles anchas sombreadas por árboles, con hermosos edificios a ambos lados, la mayor parte separados unos de otros y rodeados por jardines de todos los tamaños. No había barrio en que no se divisaran grandes plazas con arboledas, en las que se perfilaban estatuas y fuentes relumbrantes con los últimos rayos del sol. Edificios públicos de tamaño colosal y de una arquitectura grandiosa, incomparables con los de mi época, se destacaban majestuosamente imponentes. Estaba seguro de no haber visto nunca ciudad alguna que se le pareciera.

Podía ahora, cómodamente, comparar aquella visión imaginada de una ciudad del 2000 con una real. Como quien viaja en el tiempo. Lo había logrado sin recurrir a complicada máquina alguna, ni debo esbozar aquí el principio científico, tortuoso e incomprensible, que lo había hecho posible. Lo había alcanzado por el sencillo expediente de haberlo *esperado* (como de pie en el mismo lugar, los años llegando y yéndose, atravesándome, inmóvil yo en medio de aquel fluir, inmerso en el torrente).

Visto así, ¿no es el más increíble de los viajes? ¿El más soñado por cualquier autor de utopías?

(Sólo que el socialismo había llegado y se había ido. De lo que sería testigo ahora en Moscú no era de su arribo sino de su reflujo. De cómo en su retirada iba dejando al descubierto los antiguos pilotes de la ciudad, sus columnas cariadas por las aguas (del tiempo). Planeaba observarla, fijarla en ese momento, saliendo del letargo, reorganizándose sobre nuevas colinas. Viviendo los días de una gran ciudad, pero una ciudad con un pasado peculiar, habiendo estado tantos años en el centro y ahora fuera, lanzada del pedestal, llevando una existencia más gris, aburguesándose.)

De pie en medio de una plaza (no la Roja), una más pequeña, sin nombre pudiera decir, insignificante en el trazado de la ciudad, lanzar desde allí la pesquisa que buscaría fijar sus rasgos, aislar las señales del año mítico, ¿diferentes aquí a los de otra gran ciudad?, ¿semejantes en qué grado? Como el anatomista que estudia un corte transversal, los músculos, los tendones, los nervios que se hunden en la masa de la ciudad (en el tejido urbano). Aflorando en el corte, coloreados en rojo y azul, aunados en haces. No toda la ciudad, no toda su vida, tan sólo algunas calles, algunas noches, un solo mes: llegaría el 1 de julio y me iría el 2 de agosto. Únicamente lo que cayera bajo mis ojos ese mes. Nada que no viera, que no oyera. Paseando la cámara.

Caer sobre la ciudad como una hoja (lentamente), sorprenderlos siempre: «Pero este verano, ¿por qué?». Conservado en este libro, como en un estrato de esquisto, la huella nervada del día, la impresión fósil por la que un naturalista pudiera reconstruirlo en el futuro: hacerme volar otra vez, hacerme otra vez escrutar julio a mis pies, antes de bajar a él, como me dije: aquí estamos, ya empezó, ese hombre, por ejemplo, aquel taxista...

Julio del 2000

PRIMERA SEMANA

1

Encuentro un café donde puedo trabajar cómodamente frente a una ventana encristalada. En el mismo centro de Moscú. Los veo avanzar, a los rusos, a sus trabajos. En una zona de oficinas. Mujeres mayormente, pero también hombres. Lo que me asombra de cualquier ciudad es la vida que sigue llevando cuando no estoy, su absoluta independencia o autonomía. No aparece cuando abro los ojos en ella, amanezco allí. No. Sigue todo el tiempo, pulsando. Eso no deja de intrigarme. Que cualquier moscovita, Daria Sivina, por ejemplo, en octubre o bien más avanzado el año, en noviembre, baje de su casa y descubra que ha nevado y mire a ambos lados de la calle sin dudar un segundo que la ciudad ha estado allí toda la noche, que no simplemente se materializa porque ella la esté mirando. O ahora, cuando yo los veo, que no son figurantes que han bajado allí, la mujer que barre la calle con un chaleco amarillo de los servicios públicos, el hombre que es llevado por una pareja de policías, dando traspiés, la muchacha que se cubre del sol y vende helados en la acera: los seguirá vendiendo en agosto y hasta bien entrado el invierno. No se levantará y preguntará: «¿Ya se ha ido? Ese que escribe un libro». No. Soy el puntito más insignificante tras el cristal de la ventana.

No es la primera vez que la visito, he vivido aquí antes, a comienzos de los noventa. Quizá quiero a esta ciudad que no deja de proporcionarme disgustos en cuanto llego. La sorpresa del horrible hotel, la habitación de «semilujo» (sin teléfono, de ahí lo de «semilujo») que he reservado tontamente por Internet (conociendo otros), el acoso de los taxistas en el aeropuerto. La ciudad cambia, sin embargo.

Este café no estaba el año pasado. Han aprovechado el demasiado ancho de las aceras, el espacio que dejó el poder soviético, y han construido pabellones de cristal que acercan las aceras, conectan los edificios como el tejido nuevo entre los labios de una herida. Café, tiendas, agencias de viajes, peleterías, todo en esos pabellones de cristal. O como las carpas de un ejército que acampa en los accesos de una gran ciudad: no implican mucho gasto y pueden ser arrolladas, embaladas para una retirada de urgencia. El mismo aire de provisionalidad. Pero como son de acero y cristal, brillan como nuevos, alegran la vista, resultan habitables, con toberas de aire frío para los meses de verano, mesitas cromadas. Limpios y bien iluminados.

Hacen días muy bellos. Sigo, diminuto, la circunferencia del globo terráqueo en este punto (a los pies de la pared del Kremlin), como una hormiga por la superficie rugosa, inmensa para ella, de una naranja. Han sembrado flores en los Jardines de Alejandro, parterres multicolores entre el césped de un verde subido que unos obreros cortan con segadoras eléctricas, torpemente.

Bajo luego al río, al Moscova. En el maleconcito levantan el asfalto con máquinas. Cosas todas que hacen un verano. El río fluyendo, ininterrumpidamente, como hace quince mil años. Los vaporcitos fluviales (que hoy no abordo) para desplazarse sinuosamente a través de la ciudad, desembarcar en algún punto arriba, en el plano. Calculando la distancia a la otra orilla, el parque de diversiones que descubro allí (eso, un parque de diversiones en toda gran ciudad, inconcebible sin ellos). Asombrado de hallarme allí, en Moscú, esta mañana (del 2000).

En esta otra calle que llega al Bolshoi, adoquinada, se conservan edificios viejos, hermosos algunos. Sólo un pedazo ha sido ocupado por una construcción horrible, chata, La Casa del Pintor, paradójicamente. Una construcción de los setenta con acabado brutalista, en concreto, horrible. Adentro funciona un mercado de artesanía. Y como el país está fascinado por Occidente, venden, por ejemplo, cerámica importada de producción masiva, plata mexicana, incensarios indios, gnomos de plástico. Vender piezas laqueadas rusas sería de poco prestigio y provecho. Pregunto a la vendedora: «¿Tiene alguna jarra con algún lema en ruso?». Y la sola pregunta ya delata en mí a un extranjero. Tampoco lo hubiera hecho cuando vivía aquí, es cierto.

En otra sección, sin embargo, tienen prendas de lino ruso. La vendedora me habla sobre las bondades del lino ruso. «El lino es, en general, algo ruso.» Son prendas un poco toscas, de tejido algo grosero o burdo, de nudos amplios, como cotas de malla, con ese mismo corte amplio, de caída pesada. El año pasado en la sala vecina vendían cuadros de pintores jóvenes, pero cuando avanzo capto por el rabillo del ojo cajas con medias de mujer sobre un mostrador.

De regreso a la calle inspecciono las mercancías de los libreros. Con quien puedo encontrar mejores libros es con cierto tipo de librero filósofo. Uno de fina barba, por ejemplo, que el verano pasado también estaba allí (y lo imagino inmóvil, fijo bajo la lluvia, la nieve, como un cuadro de cámara con el obturador abierto) en el mismo pedazo de calle. Le compré, me acuerdo, un tomito de Ronsard y una antología de prosa amorosa bizantina. Tiene buenos libros y al momento sabe con absoluta facilidad de qué autores le hablo.

Es un hombre delgado, de unos cincuenta años, con la barbita entre pelirroja y amarilla, muy delgado. Usa pantalones deportivos, de lana, un ventisquero quemado por el sol. Y sabe de libros como cualquier amigo mío, Ernesto, por ejemplo. Quizá es un contemplativo, pero debe comer y entonces vende libros. Que guarda en una caja de cartón. Los señala recitando los títulos. Este, me dice, Catulo, *Obra poética*, o este Otto Weininger, *Sexo y carácter*. Una fea y sospechosamente delgada edición en ruso que saco de la caja, interesado. En español está en Taurus, un volumen comentado y extenso. Pero veinte veces más caro. Porque quiero llamar la atención sobre esto.

Todavía hoy es posible comprar por casi nada libros en Rusia. Y no libros viejos, sino nuevos, preciosamente editados, con tapa dura y sobrecubierta, excelentemente traducidos, anotados. Éste, *Sexo y carácter*. «Traducido a comienzos de siglo. Ya no se habla así en ruso», me informa Arkseni, un hombre que bien podría contener infinitas reservas de sabiduría, como un escritor ruso. (Al rato, cuando ya he comprado el libro y regreso al café, lo veo pasar —a través de la ventana— plantando taimadamente sus tenis o zapatos de lona barata sobre los adoquines y desconfío de él y del conocimiento que pueda tener.) Reconozco, sin embargo, que su conversación me resulta agradable. Hablamos cómodos. *Sexo y carácter*: «Un gran escándalo en Viena. Anterior a Freud. Se lee —agrega— como una novela, te atrapa». Quizá lo dice porque es el tipo de recomendación que tuerce la voluntad de un cliente reacio, lo obliga a comprar. Hojeo el libro. Examino el grosor, que cotejo contra el índice. Lo necesito. He planeado comprarlo en español, pero lo compro en ruso. Es igual. Igual de transparente. Todavía comienza a hablarme de los trovadores, porque tiene un libro de poesía provenzal. Pero dejo la conversación a medias y entonces no me detiene. Una buena compra. He logrado sortear el obstáculo de Taurus, en el que gastaría dinero con el que aquí puedo comprarme toda una caja de libros, que es lo que planeo hacer y aconsejo a quien visite Moscú. Claro, para eso debería usted leer ruso. Una lástima. Una verdadera ganga los libros allí. Se lo aseguro, en fin…

Debo explicar cómo leo la prensa. La leo en el metro y no soy el único. Sólo que el formato de la mayoría de los diarios no es de tabloide y cuando despliego las hojas o bien toco al vecino o bien lo cubro por un segundo que nerviosamente trato de acortar.

> Lamentablemente los sinópticos no pueden darnos una noticia agradable: según sus pronósticos, no hará calor en julio y lloverá mucho.

Dos paradas después:

> En los tiempos soviéticos prácticamente no existía la publicidad. El eslogan más conocido de aquellos años: «Soviético quiere decir excelente», le hacía publicidad al por mayor a todo lo de producción nacional. En las calles de Moscú no podían verse las hoy ya habituales vallas y anuncios lumínicos. Sólo se exhibían fotos de los líderes y eslóganes partidistas. En los noventa la situación cambió drásticamente, la publicidad se ha convertido en parte insustituible del paisaje urbano, particularmente en el centro de la capital.

En el puesto de periódicos, a la salida del metro, levanto *Domovoi*, una cara revista de papel cromado. La palpo antes de abrirla y, todavía con ella en la mano, reviso las portadas de la *Vogue,* la *Cosmopolitan* de julio, calculando quizá tomar alguna, pero regreso a ésta y paso la mano, los pulpejos de mis dedos, por la cara sonriente (sedosa por el papel) de la mujer de la portada.

Repiten, caigo en la cuenta, la organización de un «icono con imágenes de la vida de los santos», en los que la imagen hierática, inmóvil (de un personaje divino, san Juan Bautista, Kate Moss, san Bona de Pisa, patrón de los viajeros, Linda Evangelista), aparece enmarcada por pequeños cuadros con escenas de su vida (martirizado por los sarracenos, luciendo un ajuar Versace, milagro de los ángeles rescatándolo del potro de tortura, haciéndose secar el pelo bajo una campana de plexiglás).

En absoluta sintonía con la fecha en la portada: una vez hojeada rápidamente junto al puesto, la cierro satisfecho como el catálogo que en una exposición adquirimos junto al guardarropa, antes de pasar a la sala propiamente dicha, subir a la calle.

El *Domovoi,* un gnomo, el duendecillo bueno que cuida la casa cuando no estamos, me aconseja firmemente adónde ir este verano, a «Sardiña, el ultimo grito de la moda en balnearios». Porque los viajes están ahora al alcance de la mano, literalmente, con tan sólo tomar algún volante de los que reparten en el metro: «Chipre: desde 269 dólares, ocho días y siete noches; Egipto, desde 233 dólares; Jorvatia, desde 530 dólares. Vídeos de todos los hoteles». (Chipre tiene el atractivo superior para los rusos de que no exigen visas, aunque una Shenguen tampoco es ningún problema. Unos amigos, Víctor y Nelly, se irán de excursión a finales de julio, a Holanda, en autobús desde Minsk.)

Alerta, sin embargo, esta misma revista sobre los peligros que acechan al cándido turista ruso, al ciudadano ruso no maleado por la vida en Occidente. La historia inverosímil de un abuelito de Tula (una provincia profunda) acusado en Nueva York de corromper a su propia nieta. Una equivocación judicial, claro está, pero seis años de cárcel. Un horror.

Hay, sin embargo, maneras de pasársela bien en Europa, en *Occidente*. Balnearios médicos, el Aldemor Royal Mare Thalasso Spapa («en Creta, prácticamente en la misma bahía en la que se detuvo Odiseo de vuelta a Ítaca»), donde podrán ducharse con la *Afussion Shower*. Y al final, en sus últimas páginas, la sección de cosméticos, como en cualquier *Elle* o *Bazaar*. (Si el viajero ha olvidado su *scrub*, alguna crema vitaminada, encontrará en Moscú las mismas marcas que en cualquier capital europea, en un mismo *continuum* cosmetológico, sin salir de él, plácidamente, sin sorpresas.)

Me parece excelente *Domovoi*, la coloco entre los demás libros de la caja. Una fuente más, no menos importante, de este verano en Moscú (y me asombra lo que luego me dice Liosha Andreyev sobre estas revistas).

2

Me alegra oírte, dice invariablemente al teléfono, que es una fórmula rusa de cortesía. Es delgado, la piel de su rostro es apagada y va pelado al rape. Oye música; cuando me acerco a él y antes de descolgarse los audífonos, me habla todavía sin poder oírme, buscando con la derecha el control del volumen en el bolsillo de la chamarra.

No sé qué podría decirte sobre el tema, ¿sobre *Domovoi* o en general? Mira, hay una gran cantidad de revistas de ésas. Muchos quieren invertir, aunque no entiendo por qué. Prácticamente todas dejan pérdidas. Sí, sí. Con excepción, pongamos, de las occidentales: *Playboy*, *Vanity Fair*. Aunque también dejan pérdidas, sólo que tienen dinero occidental. En cuanto a las rusas, el sistema es el siguiente, muy sencillo: se juntan dos o tres que lo organizan todo, y son ellos quienes ganan dinero. Los demás ganan un mínimo, o bien no ganan nada. Y si pagan a los colaboradores, pagan muy poco. El asunto es ser duros con ellos, saber usarlos. En principio, si quieres sacar adelante algún proyecto, viajar a alguna parte, hacer algo en tu interés personal, puedes usarlas. Si miras la situación desde ese ángulo, entonces tiene sentido colaborar con ellos. Hice un viaje muy interesante, a Sumatra; me pagaron el boleto y la estancia (je, je). Pero todo esto pasa, cómo decirte, *unpredictable*, totalmente, porque es un dinero suelto, es un dinero suelto. ¿Mi viaje a Sumatra? Hará un par de años. A escribir un reportaje. Sí. Pero de lo que te hablo es que aquí, en Moscú, estas personas son muy ignorantes, muy ignorantes, con un bajísimo nivel intelectual, y si alguien llega y les habla de algo, ya se ponen contentos, se alegran, y si te mueves rápido, entonces puedes sacarles algo. Aunque es bastante desagradable, a fin de cuentas, porque ves el nivel general, y es, lógicamente, bajo, ¿sabes? ¿Por qué, por ejemplo, toda esa prensa amarilla, de la que hay mucha aquí en Moscú (la mayoría aquí lee esa prensa amarilla), es tan mala? Si llegas a una redacción de ésas, verás un espectáculo bastante extraño. A las doce del día, pongamos, o las once, llegas y te los encuentras tomando vodka, que comenzaron a tomar desde por la mañana, y ya están borrachos... Desde por la mañana. Escriben en un fuerte estado de intoxicación etílica. Les preguntas: ¿cómo van? Y te responden: ahí vamos; el hígado por ahora me funciona. Pero ¿por qué lo hacen? Porque escriben mierda, ¿entiendes? Sólo que ganan dinero así, ¿entiendes? Y bueno, para escribir tanta mierda debes estar bien tomado, realmente. Cuando necesito dinero, me voy a la prensa amarilla. Y cuando escribí un reportaje (viajé a la isla de Athos, un santuario ortodoxo), lo sacaron en la prensa amarilla. Cuando lo abrí, vi que lo habían redactado. Lo abrí y me quedé horrorizado, un horror real. Simplemente no podía entender qué era aquello. Lo habían cambiado todo, los énfasis, no era lo que yo quería decir. No, cuando trabajaba en el *Oso* como vice del director, conservaba el texto; además, no era prensa amarilla. Es una revista sobre tiempo libre, como *Time Out*. También publico a menudo en *Limonka*. Sí, como una octavilla, pero esa octavilla te cuesta cuatro rublos (je, je). No te pagan, pero puedes decir cosas concretas, sólo que ahora *Limonka* escribe de los tanques tan buenos que teníamos, ese tipo de nostalgia: ¡qué tanques tan buenos teníamos en Rusia! ¿A quién le interesa eso? Responde a un extraño fenómeno: antiguos disidentes que se vuelven de izquierda. Eduard Limonov. Si miras los fascistas de la ex Europa oriental, al frente de muchos de ellos hay escritores, es algo popular, no sé por qué razón. Y hasta *Limonka* se está desplazando hacia la prensa amarilla: diez escándalos por número… En fin, la situación es también muy dura en esto. Hay que saber, sentir, qué pasa y dónde, y meterse, proponerles algo, usarlos sencillamente. No verlo como nada serio. Uno tiene que ir haciendo sus proyectos. Tengo un libro que, por mucho que intento, no logro publicar. De cuentos. Es muy completo, no está nada mal. Aunque también está lo siguiente: muchos me dicen «Debes publicarlo a tus expensas». Pero no quiero, creo que es algo que sólo los lores ingleses hacen. Aunque mucha gente en Moscú lo hace, algunos conocidos, reúnen dinero, entre dos, alguien les presta. Pero es algo, desde un principio, equivocado, porque creo que si escribiste algo, debe venderse realmente, comercialmente; pero repartirlo entre las gentes, sólo para poder decir «Tengo un libro» es sencillamente tonto, creo. Un libro debe venderse, y ya.

3

El chofer del taxi que me lleva al Ogbi, un club de jóvenes (en el camino alcanzo a ver un edificio enorme, fantástico y de excelente factura), tiene tatuado en el brazo derecho un sol azul sobre un semicírculo (también azul). Como hay mucho embotellamiento en Moscú (de seiscientos mil autos a tres millones en pocos años) se baja a cada momento a «soltar el vapor» porque el auto, un Volga, se calienta. «Se le ha descompuesto el relé —me explica—. Lo mejor sería hacerlo "a la rusa": le pongo aquí un interruptor, y lo apago y lo enciendo, el ventilador, desde adentro.» En un momento, cuando se baja y abre el capó, noto su enorme parecido con un actor ruso, también de nariz gruesa. Y luego estaba aquel profesor petulante de mi instituto. Una fisionomía muy rusa, podría decirse.

En el radio del taxi cantan: «Una botella de kéfir y medio pan, no salgo hoy de casa…». El chofer ríe: «¡Qué letras componen hoy día». (Me asombra que se distancie.)

[*En la puerta de un elevador: 11 de julio.*] «Respetables señores: con el fin de evitar que se incendie el toldo del café de verano, les pedimos encarecidamente no tirar las colillas desde las ventanas de sus oficinas.»

Lo que me asombra en esta nota —que leo en la puerta del elevador de un lujoso edificio de oficinas— son los respetables señores lanzando descuidadamente las colillas ventana abajo, como simples *mujiks*. Y luego, otro incidente me hizo pensar en esto: hace tres años, en un vuelo a Rusia, perdí un lente de contacto en el avión. Aterricé en Moscú sin ver nada y visité dos o tres clínicas sin resultado alguno, porque me querían recetar lentes blandos que mi astigmatismo no permite. Una historia de mis visitas a esas clínicas no viene a cuento aquí porque son de aquel otro año. Un oculista con las manos olientes a pescado en salmuera, en una óptica perdida frente a un mercado sobre ruedas, fue quien me explicó lo de los lentes blandos y el astigmatismo, que yo no sabía, y me dio la dirección del Instituto para la Corrección de la Vista. Y este año, esta mañana, hoy, volví a perder un lente entre las baldosas del baño. Me detuve a medio camino hacia la frustración y hallé el teléfono del lugar donde aquel año lograron hacerme unos lentes excelentes, a bajo precio y rápido. Y volví a aquella clínica, en el nordeste de Moscú. Encontré al mismo doctor y esto: hace tres años no me fijé en que se deja crecer la uña del meñique y se acomoda el pelo sobre las orejas. Como un ladrón o un electricista. Usa, lógicamente, quizá tomado del mismo personaje de un filme de cuarta, un anillo de oro en el meñique. Lo curioso es que es un doctor de altísima calificación, un hombre metódico, de voz calma, con manos de doctor. Aquella vez, aquel año, me calmó, y supe que había dado con un buen doctor con sólo tocarme el párpado antes de echarme unas gotas colorantes en los ojos. Un doctor en medicina, con artículos, etcétera, porque la clínica funciona también como un instituto de investigación. Absoluta, plena confianza. Alguien que me inspiró absoluta y plena confianza. Pero pasé por alto su aspecto rufianesco. Aunque es algo que no pudo haber adoptado en estos tres años, son formaciones, gestos, que se quedan sobre una persona como fijos en el momento en que ésta deja de cambiar, evolucionar, en la treintena. Hablé con él sólo de mis lentes. (Por la ventana: un día magnífico para ir de campo.) Sólo me gustaría llamarles la atención sobre esas tres cosas que mencioné arriba: las colillas, la sortija en el meñique y el demasiado pelo, crecido sobre la oreja.

4

Si me preguntaran qué escritor ruso me parece el mejor y más interesante hoy día, diría, sin dudar, que Liudmila Petrushevskaya. Sus cuentos comparten el mismo grado de franqueza, de unidireccionalidad de la mirada, de nada superfluo que su propio porte. Viste una blusa larga, amplia, de fondo azul estampado, una falda azul con flores a relieve. Un anillo en su anular. El aspecto de alguien que ya sólo quiere parecer elegante. Una o dos horas después, cuando bajamos al metro (siempre viaja en metro, me confiesa), al insertar yo la tarjeta magnética en el torniquete, la veo pasar despreocupada por frente a la celadora que hay en cada estación.

—¿No paga usted?

—Soy jubilada.

Eso me toma por sorpresa, la miro otra vez bien y claro: el tejido flácido, que la gravedad ha hecho descender, el color apagado de su pelo. Pero como me ha hablado de su libro que saldrá pronto y de otro que escribe, me cuesta trabajo empalmarlo ahora con lo de la jubilación.

La esperé en el Obgi, un club juvenil, en el sótano de una vieja casa. Es ella quien me dio cita aquí porque suele venir, me explica después, a trabajar en él. En el primer piso venden libros, en una habitación estrecha, repleta de anaqueles. Antes de que Petrushevskaya llegue me llevo de allí a Murakami Haruki, *Caza de la oveja salvaje*; a Miroslav Pavic, *Último amor en Constantinopla*; a Jakob Böeme, *Aurora*, y a Tom Stoppard, *Rosencrantz y Guildenstern han muerto*. Un lugar bohemio en la escala contraria de El Cisne Blanco, el restaurante donde he almorzado al mediodía (por error) sin saber que hubiera debido hacerlo aquí.

El *jet lag* me tumba sobre la mesa del café (una mesa pintada de negro, con desconchados), y cuando despierto descubro la mirada burlona de la rubia en la mesa vecina a quien le he encargado el maletín cuando he salido a hacer una llamada. Me ha mirado (pero ha asentido, burlona) cuando le hecho el encargo, quizá porque estamos en un lugar en el que no roban. Lo he pensado, pero he preferido no poner a prueba la honestidad de los muchachos. Como tengo muy poca luz sobre la mesa y quiero leer otro poco mientras aparece Petrushevskaya, voy a pasarme a otra mesa con mi taza de café (durante mi sueño, sin despertarme, el camarero ha retirado la copa de vino vacía de debajo de mis narices, literalmente. Un vino horrible, aguado, moldavo, de la casa o casero. Aclaro el término porque en el menú dice «casero», y se puede pensar en tinajas sudorosas en una cava, vino del sur, de esos pueblos junto al mar y los viñedos añosos. Pero me explica el camarero, torpe y vacilante: «No, casero —dice—, porque lo piden siempre. "De la casa" debería decir...»). Pongo la taza en la otra mesa, ésta, con la silueta de un perro blanco sobre el fondo oscuro, y descubro la cabellera corta de una mujer en la mesa vecina, me acerco, me inclino, estudio aquel rostro enmarcado por la cabellera corta.

5

En Moscú, en Rusia, regalan siempre flores. En las bocas de todas las estaciones de metro venden excelentes ramos de Holanda. Antes, en mis primeros años en Moscú, sólo había tulipanes de Georgia o Abjazia. Una flor de éstas, de Holanda, cuesta una millonada, pero tienen un aspecto inmejorable. Han sido arregladas con inmejorable buen gusto y atadas con una cinta. Envueltas en un celofán, también especial.
 —*¿Le han regalado esa rosa? (A Petrushevskaya.)*
 —*Sí. (Sólo eso, sin aclarar quién ni por qué.)*

Quiero explicarle qué es un apartamento comunal; sin ello no se puede entender esta ciudad. Yo he seguido escribiendo sobre esto, sobre la vida en los multifamiliares, porque no he cambiado de tema. Los nuevos rusos no se han convertido en personajes de mis cuentos. Escribo sobre los «bajos fondos», sobre las «pobres gentes». Hace mucho decidí que ellos eran mis personajes, sólo ellos, sus vidas. Y sólo esto me interesa. Porque, ¿sabe usted?, es malo cambiar de personajes, es un consejo que le doy de escritor adulto a escritor joven. Siempre les digo a mis estudiantes: sólo tienen un tesoro, su niñez y su juventud, los años cuando percibían el mundo de manera inconsciente y así se grabó en sus mentes. Escriban sobre cada una de las personas que quizá vivieron con ustedes en un apartamento comunal, que conocieron en su infancia. Pueden ser unas diez o quince personas, ¿se imagina? ¡Todo un libro!

Pero volviendo a esos apartamentos: en el 17, cuando los soldados abandonaron el frente, Moscú creció horriblemente, se desbordaron los suburbios donde vivían los lúmpenes, los pequeños artesanos, gentes que llevaban una vida muy pesada, que bebían constantemente. Y lo curioso es que nadie, con la excepción de Gleb Uspenki (yo tenía sus libros en mi casa cuando niña), logró pintar eso, escribir sobre ellos, que en realidad eran el futuro de Rusia, uno de sus futuros.

El otro futuro de Rusia lo hallé en Chejov, en su libro sobre la isla de Sajalin: la vida de los presidiarios, de los desterrados. Cómo vivían en casas que no eran propias, sino del estado; cómo eran alimentados por ese mismo estado; cómo no tenían obligación alguna, trabajaban si querían. Y eso que en aquella isla crecen árboles inmensos... Los coreanos, que fueron deportados luego, por Stalin, cosechaban verduras increíbles. Pero cuando Chejov la visitó ninguno de los presidiarios trabajaba. Chejov describe que para almorzar hacían cuatro *verstas*, dos a la ida y cuatro a la vuelta, a campo traviesa, por la taigá. Precisamente porque no quería hacer nada, ni prepararse de comer. Y la *isba* donde vivían estaba completamente vacía, todo lo vendían para comprar vodka.

Aquél era el segundo futuro de Rusia: un ente socializado, que nada posee. De modo que Uspenki y Chejov predijeron nuestro futuro de Rusia: una inconmensurable, no humana, borrachera, por un lado, y la vida de personas socializadas, que todo lo reciben del estado, que nada pueden resolver ni hacer por sí mismos, por el otro. Pero si el presidiario de Sajalin nada hacía porque de todos modos tenía garantizada sus botas y su traje de presidiario, el presidiario soviético, el campesino del *koljoz*, no trabajaba por temor a ser castigado, porque de un esclavo no se espera que muestre iniciativa…

Y cuando los bolcheviques llegaron al poder y lanzaron sus tres lemas populistas: paz al pueblo, pan al hambriento, tierra al campesino, exhortaron a los soldados a que abandonaran las trincheras. Sólo que no regresaron a sus aldeas, porque quien tiene un arma puede conseguirse alimento, no se pondrá a arar la tierra, ya no necesita trabajar desde la mañana a la noche, no quiere tener qué comer en otoño y morir de hambre en primavera. Ahora tiene un fusil, ha llegado a la ciudad y la ocupa. Es algo que también está en Bulgakov. ¿Se entiende, sí?

Luego todos estos soldados y marineros o bien fueron fusilados, o bien entraron a la Cheka. Terminaron instalándose en las ciudades, la población de Moscú se triplicó. Se convirtieron en los dueños de los apartamentos de personas que ellos mismos habían deportado o fusilado, e instauraron un modo de vida cuartelero. En primer lugar, hacer guardias según un estricto gráfico, es decir: cinco veces al mes, cada familia friega el piso de todo el apartamento; en segundo lugar, el ahorro de luz, porque el pasillo es común y la hornilla también. (Está en Ilf y Petrov, la historia del inquilino que no apagaba la luz en el retrete...) Es decir, esta vida comunal es un *gulag* en pequeño: el mismo régimen de guardias, la disciplina, las delaciones...

Y ahora a todo esto se ha sumado el capitalismo, porque si en un apartamento comunal vive una joven soltera junto con cuatro familias (en una habitación una pareja con dos niños y en otra, una con tres criaturas) todos miran a esa joven y a su habitación como una posibilidad de aumentar el área de vivienda que les toca, lo que quiere decir que la muchacha corre peligro de ser asesinada. Pasa mucho con los viejos, con las ancianitas. Lo otro es que si alguien está en la cola para recibir un apartamento del gobierno, el cuarto que esa persona deja libre debe ser vendido, por ley, a los demás inquilinos del apartamento comunal. Por un valor nominal, no de mercado. Y eso crea más tensiones. Una conocida mía, por ejemplo, una joven, privatizó su cuarto, lo compró (algo que antes no se podía), y todos en el apartamento se enojaron terriblemente, porque el cuarto ahora no pasaba a nadie, se excluye tal variante, y también, si ella muere, el cuarto lo hereda otro. ¿Entiende ahora qué es un apartamento comunal? Aunque antes, cuando los cuartos no podían ser privatizados, también las gentes desaparecían. Una vez iba por la calle y me encontré a un ancianito recostado a la pared, con una bolsa de malla para el pan y un poco de queso. Me acerqué: «¿Necesita ayuda? Lo acompañaré hasta su casa». Saltó: «No, debo llegar solo, sin ayuda. ¡No quiera Dios que vean que me han acompañado! Mis vecinos quieren ponerme en un asilo. No dejan de llamar a la ambulancia, se quejan de que ya no puedo valerme por mí mismo. Y todo porque le tienen el ojo puesto a mi cuarto...». Alguna vez escribí un cuento sobre una ancianita que muere porque enferma de gripe y sus vecinos del apartamento comunal no salen a comprarle pan ni le llevan agua... Así que en Moscú tener una familia es una garantía de que tu apartamento, tu cuarto, no pasará a manos de otros y que no corres peligro. Porque ellos lo heredarían, ¡y no pueden matar a toda una familia!

Sí, todavía escribo obras de teatro, aunque ya no las doy a nadie, desde hace varios años, porque no quedan directores de mi gusto. Antes tenía a Viktiuk, a Mark Zajarov, a Oleg Yefremov. Simplemente me las arrebataban de las manos, sabían que mis obras les garantizaban un lleno total, y es cierto: todos iban a verlas. Todavía hoy sigo siendo el dramaturgo número uno en Rusia, según esos sondeos, «ratings», ¡ja!

Por años leía mis cosas de incógnito. Un concierto podía llamarse «Velada de los jóvenes artistas del Teatro de Arte», pero en realidad leía allí mis cosas, mis cuentos, y nadie me delataba. Terminó esto con un caso terriblemente cómico. Por todo Moscú actuaban tres variantes distintas de *Cinzano*. Y el KGB quería conseguirla a toda costa, todavía más después de que a una representación fue un periodista alemán, creo que de *Stern*, y escribió un artículo. En la obra hay un momento en que los personajes juegan a la guerra, como los niños; uno dice: yo tengo un avión, shu, shu; el otro: y yo un tanque; bum,

bum... Y después gritan, te maté, etcétera. Y como acabábamos de invadir Afganistán, el corresponsal, que no entendía una palabra de ruso, escribió que la obra era sobre la guerra en Afganistán. Después de esto, me llamaron como cinco personas para pedirme que les diera a leer la obra. ¡Ya se imagina usted quién los mandaba! No lograban, sin embargo, hacerse con el texto. Hasta que un buen día me llama uno de los actores y me dice: «Luidmila Stepanovna, ¿a que no adivina? Ayer actuamos *Cinzano* en el KGB». ¡¿Cómo?! Había pasado lo siguiente: estaban ellos en medio de un ensayo, y llegaron los del KGB y les dijeron: «Basta. Ya estamos hartos de correr detrás de ustedes. Vengan y actúen en nuestro teatro, en el KGB». Y la sala, me contó este actor, estaba llena hasta el tope: generales jóvenes, el hijo de Andropov... Todos reían, aplaudieron mucho. Cuando acabó, sin embargo, los llevaron por aquellos largos pasillos. Y en ese momento pensaron que aquello era el fin. Por aquellos célebres pasillos en los que había aquellas puertecitas, ¿sabe?, para que, si traían a un prisionero, lo metían en uno de esos closets para que los arrestados no pudieran verse y nadie supiera quién había sido detenido... Pero en la cafetería del KGB les dieron de comer, les pagaron, los pusieron en un autobús. Se fueron a la Casa del Actor y se pasaron la noche tomando. Se pusieron borrachos perdidos, del miedo.

Aquellos eran años muy alegres, muy peligrosos, pero alegres. Yo, por ejemplo, no tenía duda alguna de que me seguían. Y hace poco, en el *Vespertino de Moscú*, creo, publicaron una lista de las personas que eran vigiladas.

Y yo aparecía en esa lista, antes de Ala Pugachova. No, no lo sabía. Y otro diario publicó la lista de las personas cuyos teléfonos eran escuchados. Y también aparecí en esa lista. Un conocido me dijo: «¿Sabe una cosa? Muchos habrían dado dinero por aparecer en esa lista. ¡Ja, ja! ¡Quiere decir que nunca fuiste un soplón!».

6

Lo cierto es que conozco perfectamente esos apartamentos comunales sobre los que he escuchado hablar a Petrushevskaya. Quien haya vivido en Rusia algún tiempo sabe qué es un apartamento comunal. (En algún momento, en los treinta, nueve de cada diez apartamentos moscovitas eran comunales. Quizá esto explique la pasividad ante el terror estalinista, que los vaciaba, liberaba cuartos, abría espacio. (¡No, no es cierto! ¿Cómo puedes decir eso?)

Felizmente, en Moscú existen todavía cien mil apartamentos comunales. Felizmente porque un nuevo rico, alguien que haya hecho una fortuna (con una cadena de restaurantes, con vodka adulterada, escribiendo novelas de detectives) puede comprarle a todos los habitantes del apartamento comunal pequeños apartamentos en los suburbios, y lo ocupa para él solo (y encuentra, entre los muebles viejos, la foto de una familia prerrevolucionaria, de un consejero imperial, digamos, y la cuelga y miente que es su bisabuelo, un noble o un consejero imperial, que vivía antes aquí).

Mi amigo William lo ha hecho (sin el cuadro ni la leyenda). Ha comprado, en una de esas casas viejas, un excelente apartamento de cuatro cuartos, bañera antigua, doscientos cuarenta metros cuadrados. Lleva años viviendo en Moscú (ahora ya los mismos que yo viví en Rusia) y tiene familia, mujer, un hijo. Se van a Chipre a la semana de estar yo en Moscú, de modo que puedo dejar el hotel y vivir en el apartamento vacío. La solución tiene dos inconvenientes, uno del que hablaré más tarde (en su debido momento) y otro del que me entero con sólo atravesar la puerta y colocar las maletas en el corredor: una brigada de obreros trabajará en la remodelación mientras ellos no están. «¿Pero no deberás estar todo el día en la calle para lo del libro? Cuando regreses por las noches ya se habrán ido.» No ocurre exactamente así: a veces llego y todavía siguen martillando, pegando el empapelado en la habitación de al lado. Las molestias, sin embargo, son mínimas. Sólo el segundo inconveniente, ya les diré, burocrático. Estoy aquí, sin duda, mejor que en el hotel y viéndolos además trabajar u oyéndolos a través de la pared hago un descubrimiento, la última noche de esta primera semana, que de quedarme en el hotel (muy malo, el Baikal, ¡cuidado! Está en Internet, ¡cuidado!) jamás habría hecho: lo de la regeneración del tejido. Ahora les explico.

Antes esto: la brigada que contrató la esposa de mi amigo parece haber sido escogida para un pieza bufa; tiene tantos tipos de albañiles como si fueran actores que los caracterizaran: uno alto y flaco, otro bajo y ventrudo, uno mediano y fuerte, otro con lentes cuadrados, de pasta, enormes, y la mujer, una rubia teñida, con las cejas negras. Cualquier trabajo de reparación debe hacerse en verano, cuando la mezcla no se congela por dejarla media hora a la intemperie y pueden trabajar con las ventanas abiertas. Los dejo entrar antes de irme, y a veces, cuando llego muy noche, todavía están allí aserrando alguna tabla, azulejeando la cocina. Son de Ucrania, porque Rusia es más rica ahora, paga mejor.

La regeneración del tejido. Tengo la impresión, acostado en mi cuarto, que puedo escuchar crecer el tejido como se escucha crecer la hierba, el crepitar de la partición celular, e imagino que todo ese nuevo tejido se va vaciando en los moldes de nuevas casas, de nuevas costumbres, nuevas personas. Porque primero se restituye el *tejido humano* (primera semana), luego el *tejido arquitectónico* (segunda semana), después el *tejido de la memoria* (tercera semana) y por último el *tejido del presente* (cuarta semana). Restañando primero las heridas del tejido urbano, poniendo casas donde antes había casas (no apartamentos comunales), templos donde antes había templos, gimnasios y liceos donde mismo antes, diversificándose; poniendo hombres donde antes sólo había ejecutores de planes quinquenales, insuflándoles aire, llenando el vaciado de hombres libres, mecenas, nobles (aunque también pobres y mendigos). Mirándose todos en el espejo, «haciendo memoria» penosamente: ¿quiénes éramos antes y quiénes somos ahora? ¿Éramos nobles? ¿Eran malos todos los que creíamos malos? ¿Eran buenos todos los que creíamos buenos? Analizando todas las palabras que salen de su boca, detenidas en el aire, cayendo al piso suavemente, conformando un rostro en el piso, el de sus padres, el de un abuelo. ¿Quién soy y de dónde sale todo ese tejido nuevo que sale de mí, pero que ni yo mismo sé para qué sirve? Aprendiendo a usar la nueva casa, de pie en medio del cuarto, admirando maravillado el sol en el parqué, las nuevas ventanas (¡las ventanas!), elevándose como magma aquel tejido nuevo, sin dejar de fluir al cuarto de baño, llenando sus anaqueles de cosméticos, cremas vitaminadas, a la alacena, llenándola de comida nueva, de licores desconocidos (y arrastrándolo de otras casas, perdiendo el tejido viejo consistencia en muchas casas, en millones).

(Eso del tejido me preocupa. Volveré a ello. No en un sueño.)

Julio del 2000

SEGUNDA SEMANA

1

Si se tiene el cuidado de no resbalar simplemente por los bordes de las calles y se pasa bajo un arco, en pleno centro, se puede descubrir la ciudad baja de la que habla Walter Benjamin en su diario moscovita, que permitía ver el cielo. Y del mismo modo que un vistazo al interior de una boca delata la presencia de una prótesis admirablemente bien hecha, que cambia, sin embargo, la expresión de un rostro, la verdad de una sonrisa, si se hurga detrás de la imponente dentadura americana de los edificios estalinistas, se descubren las raíces no siempre cariadas (pero que en su momento fueron tomadas como tal) del Moscú de entre 1812 (año del incendio con Napoleón en el Kremlin) y 1935, año del plan de reconstrucción general de Moscú (con Stalin en el Kremlin). Detrás del número 9 de la Tverskaya, en su patio, se alza un edificio de fachada policroma, como un palacete de cuento popular, sus ventrudas columnas. Está oculto, sin embargo, por un edificio estalinista, de planta babilónica, recubierto, leo en la guía, con el granito rojo que las tropas de Guderian traían a Moscú con la intención de erigir un monumento al soldado alemán.

Los libros que compro sobre Moscú, como uno que vendían en el Museo de la Ciudad, muestran aquel otro espesor, el aspecto distendido de los edificios. Y siempre lo mismo: ¡cuánto espacio tenían en torno de ellos! Una mayor flojedad del tejido urbano, menos agobiante, más rural. En el museo estudio de cerca las acuarelas de Vasnetsov, claras y desvaídas, como ilustraciones para un libro de niños, porque desde la estatura (¡que imaginamos adulta!) del presente, el pasado tiene siempre un aire irremediablemente infantil. Las cabezas desproporcionadas, gigantescas de los niños, como en Cranach, sus niños Jesús de ojos demasiado sabios. Las risibles escaleras del museo, con sus escalones de hierro inglés y colado, el trabajo minucioso de quien pierde el tiempo en futilerías (como niños), las espadas, las cotas de malla y los cascos cónicos de los tártaros de la Horda de Oro, todo aparece como la utilería de una representación infantil (aunque mataron, qué duda cabe, zanjaron e hirieron). Y también los mapas de Moscú, como el que pintó un polaco, un espía, para entrar en la ciudad (lo que terminaron haciendo en 1608). Pero todo muy pequeño, dislocado, torpe. Son como hombres en miniatura que no debemos tomar en serio, porque no traducen —las costillas rápidamente pintadas, explícitamente marcadas en un torso desnudo y flaco— el horror real. Es en una crónica como la de Adam Olearius, un inglés en Moscovia, en 1636, donde descubrimos que eran hombres, su fuerza. Una descripción de la revuelta de los *strelsi* (mosqueteros), de sus desmanes, transmite con mayor evidencia el golpe de la cimitarra que la cimitarra misma tras la vitrina. Pura curiosidad, nada más. Este museo.

Es quizá irrelevante, pero cuando me asomo a la ventana de la casa, antes de salir, para ver el día que tendremos, descubro el patio interior cubierto de cajones de aluminio, que es donde los moscovitas guardan sus autos. Siguen construyendo los edificios sin garajes, de hecho son pocos los que hoy día se construyen con garaje (edificio de elite, les llaman). Este anuncio, por ejemplo:

> Apartamento de dos niveles, con cinco cuartos, área total 237 m², en un edificio de elite. Techos de 3,05. Acabado europeo. Territorio cercado, garaje subterráneo, vigilancia. 290.000 dólares (a discutir).

Y este otro, simplemente fabuloso, para quien no sólo tenga un auto:

> Impactante casa nave, Velas Púrpuras ha sido construida en la orilla misma del Moscova. Todos sus departamentos dan al río y tienen ventanas panorámicas: precisamente así son los condominios que se construyen a orillas del océano en Florida y California. Y este detalle: puertos individuales. Los habitantes de Velas Púrpuras podrán atracar sus yates frente a sus casas. Tal posibilidad no existe en ninguno de los complejos habitacionales de todo Moscú.

Los demás deben guardarlos en esos como contenedores que adoptan la forma del automóvil (o bajo el cual se adivinan las formas del automóvil), como la boa contricta de *El pequeño príncipe,* moldeado su vientre por el elefante de dentro. Se compran, la mayoría, ya hechos, soldados en fábricas que deben hacer muchos y que no siempre se adaptan a las medidas del auto estándar ruso. (Un amigo se compró un garaje de éstos para su Audi A3, y luego no le cupo.)

Los describo aquí porque los vi con mis propios ojos (desde el balcón de la casa) y alguien que viajara a Moscú y los viera no podría hacerse fácilmente una idea de su uso. Van fijados, atornillados al piso, y las tapas se levantan como unas fauces con mandíbula superior móvil y hay espacio justo para el cochecito (con gran cuidado), y luego la tapa engrapa sólidamente con el borde (o mandíbula) inferior y se los sella con un candado grueso como una argolla que perforara un labio (joven).

2

Desde lejos me ve Arkseni, el librero, pedir un *hot dog,* y estoy a punto de pagarlo (tras haber discutido con la vendedora cuál prefería, una salchicha delgada o una gruesa, seis y nueve rublos, respectivamente), cuando ya está junto a mí me suelta: «Usted no se cuida. Nada. ¿No sabe usted que los que comieron salchichas, hace doscientos años, todos murieron?». Voy a decirle: ¡Pero es una argumentación falaz! Pero caigo en la cuenta y suelto la carcajada. Ríe también la vendedora. Me vuelve a decir: «Sí, ha quedado establecido». «¿Catsup, mayonesa o mostaza?» «Póngale las tres.» Muerdo la salchicha. «Me ha dado usted un susto tremendo», le digo. Se ríe la vendedora, él sonríe. Me alejo sin decir más. Lo estaré viendo.

Los edificios de la Tverskaya, a pocos metros de la plaza Pushkin, tienen el mismo aspecto de desastre nuclear de antes del 2000: cajas rotas, paredes deslucidas olientes a orine (y no sirve la disculpa de Ania: «En París, también huele a orine», cuando subimos la primera vez a casa de Nelly y Víctor). O por ejemplo: para entrar al edificio de William debo accionar la combinación de una pesada puerta de acero, blindada. Entonces se tiene acceso a las escaleras cariadas, con los barrotes cubiertos de sucesivas capas de pintura, siempre, sin embargo, polvorienta y sucia. Los azulejos saltados. Un lugar en el que pareciera viven borrachos, y en efecto, a veces suben hombres y también mujeres con ese aspecto inconfundible de los borrachos, los capilares de la nariz reventados. Pero también ancianitas y jóvenes normales, yo mismo, hace unos años, porque en San Petersburgo rentaba un apartamento en una casa así, buena, de los tiempos de Stalin, pero con mondas de papa invariablemente frente al colector de basura.

En casa de Víctor y Nelly, cuando entro, me quito los zapatos. Uno debe quitarse los zapatos, me dicen, por respeto a la casa. Es una fórmula falsa, humorística. En realidad siempre se quitan los zapatos para no ensuciar los pisos, las alfombras, y por el lodo de las calles de un país con aguanieve en otoño y nieve abundante en invierno.

   Y cuando estoy sentado, mis pies enfundados en unas comodísimas pantuflas puntiagudas, de cuero duro y cálido, Nelly me hizo un cumplido muy original. «¡Le van muy bien esas pantuflas!» De nuevo sin la menor nota de ironía en la voz y yo le agradecí el cumplido. Unas zapatillas pueden irte o no, quedarte bien o no, y éstas me sentaban. Las estudié mejor, entonces. Me parecieron unas zapatillas tibetanas, con las puntas alzadas y el cuero trabajado. Excelentes. La casa de unas personas que cuidan hasta el detalle de las zapatillas de más, dos o tres pares, para las visitas.

El apartamento es minúsculo y sus dos habitaciones dan a la calle principal de Moscú, la Tverskaya (antes Gorki, 1932; otra vez Tverskaya, 1991). Han convertido el pequeño apartamento en una especie de «máquina para vivir», de habitación mueble, usado al máximo el espacio. Un fino trabajo de carpintería que el mismo Víctor diseñó. Le permite tener una enorme colección de discos, un estéreo profesional, varios estantes con libros y un aire acondicionado de los delgados (una novedad) en el techo. Una ventana doble, de plástico, importada, filtra el ruido, aunque no del todo, se queja Nelly, debimos haber puesto una de triple hoja.

Víctor: si no tuviera puestos esos pantalones con zíper a mitad de pierna, una foto que mostrara sólo su cara barbuda y rubia podía hacérmelo ver como uno de los jóvenes mecenas de principios de siglo. No es un nuevo rico, sin embargo, porque su barba, después de las reformas de Pedro I, debe ser leída inequívocamente en Rusia como de aire intelectual. Incluso no creo que existan nuevos ricos con barba, aunque quizá alguno, en provincias. Un hombre hosco, no muy contento consigo mismo, tengo la impresión. Sólo me interesa aquí por la manera tan racional en que ha planeado y aprovechado el espacio, la misma que descubro afuera, en toda la ciudad.

Es un edificio estaliniano. Y curiosamente, tan sólo aquí, en la misma cuerda arquitectónica o inmobiliaria, el adjetivo o epíteto estaliniano tiene un carácter francamente positivo. Si te dice alguien, como me dijo Ania: mis padres viven en un edificio estaliniano, quiere decir que gozan de una buena posición, mejor que la media, holgada, como los apartamentos mismos. La palabra, sin embargo, aplicada al tiempo («período estalinista», «años estalinistas») comporta una connotación sombría, de represión y tortura. A los edificios no, todo lo contrario: espacio, luz, puntales altos. (Y también, dicho sea de paso y mucho más este año, en que han comenzado a echarlos abajo, a «implosionarlos», los edificios construidos por Jruschov, el desmantelador del estalinismo.) Una «casa jruschoviana» es sinónimo de pobreza, poco ascenso en la escala social, tugurio literalmente (porque en ruso tugurio suena como «jruschoviano»). Y existe una explicación adicional: después del 45, esas casas, las estalinianas, fueron construidas por prisioneros de guerra, soldados alemanes. Por todo Moscú, el rascacielos de la universidad incluido. Un alemán, un maestro de escuela, un físico o un chofer en Stuttgart, antes de ser reclutado por la Wehrmacht, se convertía en un excelente albañil: concienzudo, meticuloso, germánico. Y donde el albañil ruso, un desmovilizado del ejército vencedor, se creía en el derecho de fumar cada veinte ladrillos mal colocados, el alemán colocaba el triple, y a mejor ritmo.

3

En el Camino Hacia Sí Mismo. Es el tipo de lugar que frecuentaría de vivir aquí. Me lo han recomendado dos veces, Liosha Andreyev y Nelly, porque aquí podría comprarme aquellas zapatillas. En un patio, atravesando un arco, han construido un jardincillo con una fuente de pequeña cascada, y luego está la tienda. Ya he estado en lugares así, en otras ciudades, con la misma mercadería de África, Asia y Oceanía, pero me asombra mucho descubrirlo aquí. La muchacha en la caja tiene una pañoleta anudada a la cabeza, un aire encantadoramente rural, falso, claro está. No es ninguna campesina. Una muchacha aldeana, recién bajada en la estación de Bielorrusia, jamás se pondría una pañoleta así. Luego tienen una pequeña sección de comida naturista, la ritualización y sacralización de la dieta: avena, mijo, trigo sarraceno. En el segundo piso venden libros: de esoterismo, New Age y autoayuda, nada que me tiente. Un excelente póster, en la escalera, muestra a una Moscú flotante, como una isla, y en el centro, la ubicación de la tienda en un cuadradito en rojo, rodeado de leyendas circulares y concéntricas como en un mapa medieval. Se venden también discos y tienen, abajo, «la primera cámara Polaroid para fotografiar el aura». Cuando la descubro está apagada, pero al rato escucho la explicación sobre el aura, todas esas tomaduras de pelo (perdón, con perdón sea dicho). Quiero comprarme algo, porque me ha puesto de buen humor la tienda. No compro, claro está, los libros de Castaneda (aunque me ha dicho Nelly que Víctor los leyó mucho).

Con Yuri Orlov, un músico que me ha recomendado Liosha Andreyev, hablo el lunes por la mañana desde un teléfono público en el paso subterráneo de la plaza Pushkin. Le explico brevemente que tenemos un conocido en común (Liosha Andreyev) y cuál era el objetivo de mi libro. Me hizo, entonces, una pregunta desconcertante: «¿Qué provecho saco de esto? (O ¿tendré yo algún provecho de esto?)». Ninguno. Directo, ninguno. (No de todas las cosas se puede sacar un provecho directo, quizá debí explicarle.) Abrí un poco el ángulo. Le conté lo del corte en el año 2000. Entonces accedió a hablarme. Le dicté el teléfono. «Es por el metro tal y cual», descifró con la rapidez de quien ubica perfectamente las centralitas telefónicas de una gran ciudad, sus barrios, por los números. «Me queda cerca. Vivo en la estación anterior (viajando del centro); te hablaré.» (Lo que quiero hacer notar es esta pregunta: «¿Qué provecho saco de esto?». Dicha así, descarnadamente. Luego considero que no, que difícilmente sacaría él provecho alguno, y no tomo la llamada cuando me habla.)

En la plaza Lubianka han construido un precioso centro comercial *art nouveau*, lo que es lógico por varias razones. En primer lugar, es un estilo no necesario, frívolo, voluptuoso. En segundo lugar, está fijado fuertemente a la época de mayor esplendor de Rusia, antes del 17, en su anterior versión capitalista. En el último piso, siguiendo la moda occidental, funciona un café. Sus ventanas son redondas como gigantescos ojos de buey. Y el edificio, ahora me doy cuenta, semeja un barco. Una muchacha come un *éclair* minúsculo y la música de un radio es atravesada por los hilos de los móviles, trinando. Un grupo de hombres de nucas hipertrofiadas y gruesas cadenas de oro debaten algo sentados a las mesas de al lado. Los colores de sus ropas son nobles, créanme: rojos, púrpuras. Calzan finos zapatos de ante (que en esta misma tienda exponen envueltos en fino celofán para que el polvo y los dedos grasientos de compradores inseguros, como yo, no los manchen: un comprador, mochila al hombro, con el aire de un simple turista).

La ropa que venden es de la que uno sólo se pondría para salir a tomar el fresco a la cubierta de un yate propio. Cesar, la firma que regenta la tienda, importa camisas de cuatrocientos y quinientos dólares. La vendedora, a la que le muestro la camisa que me ha gustado y que me compraré algún día, en un futuro indefinido, se ríe comprensiva, pero nada me dice, en el sentido de que, sí, muy caro, o ¡un abuso!, como me diría alguna más anciana.

–Lógicamente, los solteros ricos no van a las bibliotecas ni a las galerías. Más oportunidad tiene usted de verlos en un casino o un club nocturno. Lo más indicado es observar atentamente a los que hacen apuestas. Hay en ello un pequeño detalle: los ricos de verdad apuestan poco y les disgusta enormemente perder.

Había noches, como la del 12 de julio, en las que el aire había sido lavado a fondo por la lluvia y la calle parecía la de una ciudad cualquiera, limpia, con charcos de agua limpia, las hojas mecidas apaciblemente. Una noche clara, con un cielo que no llega a oscurecer del todo, bien por la latitud, bien por el resplandor de los multifamiliares. Altísimos. Relumbran los pequeños cuadrados de luz de las ventanas y en días como éste pensaba, cuando antes vivía aquí: ¡cuántas vidas! (y también, a veces, ¡cuántas mujeres!). La vastedad de las calles, sus parques compensan la estrechez de los apartamentos. Uno puede salir y respirar aire fresco y pasear su perro.

A dos cuadras de la casa, por la avenida, han abierto un enorme casino que por las noches alumbra la calle, envarillado en neón. Ha sido construido en los bajos de un gigantesco edificio de viviendas. Y aunque no he preguntado, estoy seguro de que era antes un cine o una ferretería, un «Mil menudencias», de antes.

Un hábitat, me digo, digno de ser explorado. Muy cerca de la casa, además. Puedo bajar una parada antes y entrar. Sólo que a un casino, no había pensado en ello, al más grande de la ciudad (y quizá de Europa, como todo aquí), no se debe llegar en metro. Tienen un enorme parking enfrente con Mercedes. En la puerta, unos guardias de seguridad que me han visto llegar a pie, no me detienen, no. Me piden que pase a la caja, todo amabilidad, y que pague la entrada. Eso me detiene mejor y más eficazmente que un nido de ametralladoras. Me inclino hacia la ventanilla, pregunto el precio: 750 rublos, 30 dólares. ¿Sólo por entrar? Sólo por entrar. ¿Alguna ficha? No. Preguntas que delatan en mí a alguien que no se ha paseado por los casinos de Montecarlo. Estudio mejor el hall, el piso alfombrado, las dos mujeres rientes que bajan de un auto, de rojo, con las espalditas al aire, los tirantitos del vestido en cruz sobre los suaves omóplatos, sus finos zapatos de baile. No tendría, me digo, dinero para ofrecerles champán. No rebaso las puertas del abismo, una música profunda, pectoral, brotando del fondo de la caverna. Ellos son los hombres adentro, yo soy el que pasa y arroja una sombra. (¿Una sombra sin dinero?)

Refugiados del Asia Central en el metro. Hombre con chilaba guateada, chanclos negros, de goma, relucientes. Barba entrecana y bastón (un cayado). Y el rostro muy negro, cetrino. La mujer en el mismo estilo: pañuelo floreado, chilaba guateada y falda con flores rojas estampadas, grandes. Dos niños.

La mirada del hombre, sus ojos sonrientes (el trabajo de los ojos), sin que participen sus músculos faciales.

Supe que mi amigo Silvio, de mis años de estudiante, estaba aquí en Moscú. Lo llamé entusiasmado, alegre de poder verle. Viajé entusiasmado hasta su casa, muy tarde, cerca de la medianoche, porque nos conocemos desde hace tiempo y no importa llegar así, tarde, a esa hora, para conversar. Me espera en los bajos del edificio y antes de subir pasamos por una tiendita de veinticuatro horas, por unas cervezas, algún vino. Se ha vuelto a casar (fui, hace años, a su primera boda). Y cuando subimos por el elevador, como no me lo ha dicho cuando hablamos por teléfono, le pregunto: ¿qué haces ahora? Porque, lógicamente, estudió ingeniería y, lógicamente, no trabaja como ingeniero. La respuesta que me da me asombra tanto que por un momento creo no haberle entendido bien. Vendo ventanas, me dice. No puedo entenderlo, y lo miro en la tenue luz del elevador buscando la sonrisa de una tomadura de pelo. Como si me dijera: vendo aire, ya sabes, nada. O como si hiciera algún trabajo sucio, matón de un grupo mafioso, *soutener*, y para encubrirlo y también para dejarme claro que *no* es lo que *verdaderamente* hace, responde siempre: vendo ventanas... Vamos, aire; hago, lógicamente, otra cosa, pero no puedo decírtelo. ¿Ventanas? Sí, ventanas, de doble y triple hoja. Entiendo entonces la sonrisa que tiene, que no es de falsa superioridad, de quien no desea ocultar que miente, sino de sarcasmo: algo tiene uno que hacer, y si es vender ventanas, ¿por qué no? Con los finlandeses, caigo en la cuenta, porque Silvio vivió unos años en Finlandia (y también en Noruega, unos meses) y ahora venderá esas ventanas que anuncian en cada revista, de importación. Es que las ventanas rusas son un desastre, deben ser selladas en otoño con tiras de papel, dejan pasar el ruido. Y las que vende ahora Silvio, finlandesas, son insonorizadas, se abren, accionando la manecilla, en tres planos, pivotan hacia abajo, hacia arriba, hacia un lado. Toda Rusia está cambiando sus ventanas, todo Moscú, por estos paquetes-de-vidrio, que les llaman con la facilidad aglutinante del ruso. Y un cliente —me dice para impresionarme (y lo logra)— le ha hecho un pedido de ochenta ventanas. ¡¿Ochenta ventanas?! «Como lo oyes. Un nuevo ruso, claro está.»

Sterling, quien llegó a millonario a los veintidós años. Entrevista al diario *The Russian Journal Life Style*.

LIFE STYLE: ¿Vale usted un millón de dólares?
GERMAN STERLING: No, simplemente puedo gastar un millón de un plumazo, y es algo que hago con bastante frecuencia.
LS: ¿Cómo gasta usted esos millones?
GS: Una vez llegué a Borgoña, vi un castillo y lo compré. Era un buen castillo, con una escalera flanqueada por leones inmensos. Nunca he vuelto a estar ahí desde entonces.

4

Había visto, cruzando la calle, un vagoncito de *blinys* (o *blintzes*), según el rótulo en lo alto. Había, luego, pasado junto a él, sin detenerme porque los buenos *blinys* (o *blintzes*) se hacen en casa, por las mañanas, tu mujer todavía en bata de casa, y se toman calientes del plato, ligeros y porosos, crujientes en los bordes. Unos *blinys* (o *blintzes*) horneados impunemente en la calle, en aquel vagoncito, difícilmente valdrían la pena. Pero una tarde, ayer, el aire en mi estómago venció mi reticencia y floté hacia él, hacia el vagoncito, por sobre la calle, estudie el menú sin posarme todavía y pedí uno con ¡caviar! rojo, de salmón. En efecto, demasiado grueso, el *blin* (o crepa), pero no dejé de comerme uno cada tres días, maravillado de poder comer ¡caviar!, ¿saben ustedes?, en plena calle, a un módico precio. Maravillado. Se los recomiendo, si para el año que viene todavía están.

(Hay muchos vagoncitos más: de «comida campesina», papas horneadas en papel de aluminio que puedes rellenar con hongos marinados, ensalada fría, arenque troceado: un disgusto un día, porque me quemé la lengua con la papa, demasiado caliente. Comida china también, un horror, falsamente apetitosa en esas películas en que se piden muy tarde, siempre con el peligro, cierto es, de que la traiga un falso repartidor, que oculta un arma automática bajo el delantal. Esa advertencia. Y empanaditas nunca horneadas, siempre fritas, aborrecibles por eso, y todo tipo de bocadillos rápidos. Nada sin embargo, como esos mejorables *blinys* [*blintzes* o crepas delgadas] de inmejorable ¡caviar! junto a una parada de tranvía. Increíble, ¿no? O inesperado.)

A la entrada del restaurante Yolki Palki apilan una publicación gratis. Su divisa es «¿A qué ruso no le gusta comer rápido?», que es una parodia de la célebre frase de Gogol («¿A qué ruso no le gusta viajar rápido?»), porque han construido una red de estos restaurantes de comida rápida, Yolki Palki (una interjección, como si dijéramos: ¡Caramba!), que abarca toda la ciudad. En el del centro, donde almuerzo varias veces, venden comida kazaja. Así de fácil (naturalmente exótico). Carne de caballo, que es, quizá, el tipo de carne que se deba vender en un restaurante de comida rápida, el más idóneo. Y también esto, aunque no se llamen *bistro* (funciona otra cadena, el Ruskoe Bystro), tal vez valga mencionar aquí la procedencia rusa de esta palabra, *bistro*, que, como he comprobado en más de una ocasión, no todo el mundo conoce. La historia de los húsares rusos acampados en los Campos Elíseos, en París, chasqueando los dedos para apremiar a los (lentos) *garçons*: «Bystro, bystro». Una etimología apócrifa, seguramente, aunque bella y que deja abierta la posibilidad (al menos en teoría) ¡de que en Alemania existan restaurantes de cómida rápida Schneller!

Sentado en la terraza de El Cisne Blanco, debo esperar treinta minutos (un restaurante de comida lenta) para que me traigan una horrible ensalada en una horrible vajilla blanca. La música no está mal, pero repite ese esquema Beverly Hills o música de elevador. El pan (un panecillo blanco y uno negro) está elástico. Los rusos tienen buen pan, ¿por qué entonces este pan que hace que las mandíbulas salten? Y esas servilletas, pienso, bellacamente arrolladas en un vaso.

Me traen un arroz que nada en aceite. Sólo tienen un tipo de cerveza, que no pido. Y algo como esto, una nimiedad, ciertamente: pican los tomates en rodajas demasiado gruesas. Debo decirlo. Si alguien me preguntase mi impresión general sobre Moscú, ¿debo decirlo en estas pocas palabras: rodajas demasiado gruesas?

Pero hoy, leyendo una de esas aburridas guías sobre las calles de la ciudad, me topo con una historia que me hace volver mentalmente a la pizzería (de la cadena Sbarro) donde acabo de estar ayer. Había antes un café allí, en el XIX, el más elitista de Moscú, la pastelería de Iván Filipov, un hombre de ingenio, leo. El día que el gobernador de la ciudad, en 1825, descubrió entre la masa blanca de un panecillo un punto negro que resultó no ser una nariz (como en Gogol), sino una cucaracha, arguyó el pastelero, traído a rendir cuentas, tembloroso y apretando el gorro blanco como en un cuento de los Grimm, que se trataba de una pasa. No una cucaracha muerta, una pasa: tomó el panecillo con la cucaracha y se lo tragó ante los ojos (asombrados) del gobernador. Y de vuelta a la tahona, vertió en la masa lista para amasar más panecillos un kilo de pasas, efectivamente. Esos panecillos con pasas, de tan ricos, hicieron su fortuna y su nombre. Una historia preciosa, me digo encantado. Como figurillas de un animado: el pastelero que corre presuroso, muy blanco el gorro, rosas los mofletes; el sable muy largo, de vaina pesada y reluciente, del gobernador.

Arkadi Novikov, el hombre que ha creado el «imperio gastronómico» de los Yolki Palki y muchos otros restaurantes, tampoco está en Moscú, se ha ido a Francia, a celebrar su cumpleaños. Un hombre de unos cuarenta y cortos años cuya principal innovación no ha sido, hagámoslo notar, la comida como Filipov, su lejano antepasado, sino una particular modelación del espacio. Parte de su imperio son restaurantes con un pesado decorado teatral, como para el rodaje de una película histórica, o bien (La Sirena), de un naufragio. La sala de este último representa el casco invertido de un barco, el costillar de madera (excelentemente imitado, o hecho propiamente de madera), toda la nave curva sobre tu cabeza, la bodega, de un galeón. Flanqueado por ojos de buey iluminados tenuemente, llenos de agua (el mar afuera, debemos pensar), en los que ondulan hilos de burbujas. Y las mesas flotan, o parecen flotar, sobre placas de grueso vidrio que cubren todo el piso, por debajo del cual nadan enormes peces blancos. Digo enormes no como las carpas crecidas que a veces pueblan un estanque, sino como esturiones del Caspio, de casi un metro de largo, blancos y «estresados —me dice el capitán— por la música y las pisadas de los comensales». Y también porque saben que los de arriba se los comerán, pienso. «¿Puede uno escoger el pez que te lance una mirada en el momento que pasa por debajo de ti, una mirada que no te guste, y mandarlo freír?» «Claro está, para eso nadan aquí, a la vista.» De increíble mal gusto, de ese lujo Versace, de un dinero o de unas ganas sin límites de mostrar dinero. Lo mismo el restaurante Cacería Real, a las afueras de la ciudad: pieles de lobo, escudos, espadas curvas y alabardas.

5

Absolutamente occidental (o rusa, ¿por qué no?). Es la más importante crítica gastronómica de Moscú, amiga de Novikov (es quien me dice que aquél está en Francia). Llega ligeramente tarde a la cita. Viste un pantalón de lino azul marino, blusa de lino blanco. Usa lentes de pasta negros que transmiten a su mirada un aire de concentración. En su anular, un delgado anillo de plata. Fuma.

Querrás que te cuente cómo fue todo el movimiento gastronómico, cómo se desarrolló. Yo escribo una columna desde 1992. Sí, prácticamente desde los primeros restaurantes. Me hice crítica, de pura casualidad, como todo aquí en Moscú. Yo vivía en San Petersburgo y terminé allí el Instituto de Teatro, Música y Cinematografía, en la especialidad de crítica teatral. Luego me casé y me vine a Moscú. Y el *Komersant*, el diario, estaba contratando a nuevas personas. Uno podía llegar, probar algo... Te ofrecían escoger entre muchos temas y este tema era nuevo... Nadie sabía hacer nada, claro está. En aquel momento la principal tarea era contraponer la cocina casera a la de restaurante, porque en los restaurantes soviéticos robaban, la comida era muy mala y en nada se parecía a lo que se come en casa. Lógicamente, aquello tenía una relación *tangencial* con la verdadera cocina de restaurante, pero había sopas bien hechas, pastelitos horneados, patatas fritas en mantequilla o en alguna otra cosa. Se abrieron varios de estos «restaurantes cooperativos». Fue muy popular el Kropotkinskya 36; todavía existe, creo, aunque, lógicamente, ya no es cooperativo. Había allí un tal Fiodorov, el propietario, uno de los pioneros del «movimiento gastronómico». Luego aparecieron otros, mitad café, mitad restaurante, con muy mala decoración, todo en madera, con tallas de animalitos... Ese tipo de cosas. Sí, y al mismo tiempo comenzaron a abrirse hoteles de «capital extranjero» administrados también por extranjeros, y los primeros restaurantes de nivel europeo, lógicamente aparecieron allí. Muy superior a lo que hacían los restaurantes rusos, de modo que se convirtieron en un punto de referencia. Aparecieron luego los primeros rusos que comenzaron a orientarse hacia esa cocina hotelera, y Arkadi Novikov fue precisamente uno de los primeros. En 1992 abrió La Sirena, que sólo después se especializó en pescado, aunque se llamaba así desde el principio. Y también éste, al comienzo, era un restaurante de cocina cooperativa, porque el mismo Novikov era cocinero de profesión, en los tiempos soviéticos, y su escuela era la misma que la de todos. Lo único que ya, en aquel entonces, su decoración era muy particular: todo el restaurante estaba lleno de peceras. Sí, el agua bajo el piso, eso fue después. Había en él una cantidad salvaje de estas peceras, pececitos. Como es lógico, al momento atrajo a los clientes. Luego comenzó a prestarle mayor atención a la cocina, se especializó en el pescado, comenzaron a llegarles productos por avión, cangrejos, mariscos, sí, sí. Y poco a poco alcanzó cierto nivel general. Aunque fue el primero y todavía hoy lo sigue siendo, comenzaron a aparecer otros. La variante casera-cooperativa empezó a ser desplazada por restaurantes del tipo hotelero, de mayor lujo, con precios muuuy altos, simplemente altísimos, con *chefs* extranjeros, a quienes les pagaban enormes sueldos. Fue el esplendor antes de la crisis, ¿sí? Los precios eran de locura. Y así y todo, la gente pagaba. Y cuando ocurrió la crisis, en el 98, el shock fue general.

Los hoteles conservaron sus posiciones, porque están orientados a los turistas. Pero tras la crisis ocurrió una reorientación hacia restaurantes más baratos. E incluso aquellos que permanecieron como restaurantes de lujo, que por principio se resistían a bajar los precios, terminaron haciéndolo. Ahora gastas allí entre cincuenta y setenta dólares, pero antes era de cien a ciento cincuenta, sí. Así y todo, las cosas les van mucho peor que a quienes se orientaron a la comida rápida, hacia una cocina, quizá no muy buena, pero más o menos accesible, que muchos se pueden permitir.

Aun así, el nivel de los restaurantes en Moscú, comparados con los europeos, es bajo, muy bajo. Mayormente, lo que tenemos, en lugar de cocina rusa, es una cocina soviética. La de los Yolki Palki es comida soviética. Comida de la *nomenklatura* soviética. E incluso en el Cacería Real, donde Yeltsin comió alguna vez, incluso allí, que supuestamente es un caro restaurante de cocina rusa, también allí la comida es en realidad de la *nomenklatura* soviética. ¿En qué se diferencia de la rusa genuina? Pues, según lo que puedo ver por los libros, la comida prerrevolucionaria era más que nada francesa, todo el siglo XIX estuvo bajo la influencia de la comida francesa. La comida soviética, en cambio, es como campesina, muy simplificada, muy torpe, incluso. Sin salsas... Como todo el sistema soviético... Sí, un sistema sin salsa...

Pero a algunos se les puede comparar, incluso por la atmósfera, algo que antes era inimaginable. A veces, claro está, son absolutamente horribles, pero yo creo que la principal diferencia, por ahora, y que no cambiará pronto, es la gente misma. Sí, sí, porque incluso la relación entre cliente y camarero rara vez se asemeja a la que se da en otras partes, una relación de iguales. No, aquí o bien el cliente es el déspota, o bien el camarero, ja, ja.

No, no me temen. Es una pregunta que todos me hacen, no sé por qué. La columna fue concebida para proporcionar información, es decir, no se trata de llegar de incógnito, sino que mi tarea es comentar alguna novedad. Llego, hablo con el *chef*, con el maestresala, con el director, me entero de los detalles. En primer lugar está la información, es decir, presentar lo que recibo de los protagonistas y luego analizarlo, calificarlo. Sólo que ahora sale una vez a la semana como un análisis general sobre tres restaurantes, como tres noticias de la semana sobre dónde está ocurriendo algo, o si se ha abierto un nuevo lugar.

Para ser franca, yo aprendí con los críticos gastronómicos extranjeros. Nunca me interesé por los viejos, por los rusos de antes del 17. He hojeado algunos, me regalaron un par de libros. Pero era otro nivel, lógicamente, como en general los diarios, el periodismo de aquella época. Su actitud hacia los hechos, otra la factura. Es decir, escogí modelos de la crítica gastronómica occidental, artículos y guías con reseñas de restaurantes. Bueno, en Rusia a veces se publican algunos. Yo misma saqué uno. No, lamentablemente, no me quedan ejemplares. Y no, tampoco está ya en venta. Se agotó. Salió en 1998, si mal no recuerdo. ¿El título? *Los cien mejores restaurantes de Moscú. La elección de Daria Sivina.*

6

La Rusia noble. Llueve a cántaros (ha llovido a cántaros todo el mes). Son las cuatro o cinco de la tarde, pero el jardín, los árboles que crecen en el jardín, hace que tengan las luces del pasillo encendido (que veo todavía sin bajarme del auto, a través de la ventanilla del auto, en un momento que alguien –¡un noble!– abre la puerta e inspecciona el cielo encapotado). Es una de esas viejas casas en las que quizá alguna vez vivió una familia (quizá noble) pero que años de servicio estatal han despojado de cualquier aire casero: puertas sin ornamento, de oficinas, cubículos construidos donde antes había un salón con araña en el techo. Funciona aquí la Asamblea de Nobles, una institución que se ha creído necesario refundar. Porque hay partes, fragmentos del tejido histórico que faltan, los nobles, por ejemplo. Y del mismo modo que en el caso de un collar o un peto de hilo de oro trenzado expuesto en una vitrina (en el Pushkin, de la colección del Tesoro de Troya) pintan a mano el fragmento faltante para que nos podamos hacer una idea del todo, existe ahora en Rusia una Asamblea de Nobles. Con la misma poca firmeza de colores de la pieza faltante (del collar o del peto).

Señores muy viejos, nonagenarios quizá, arrastran sus pies por aquel pasillo, tanteando el piso con un bastón. Hay jóvenes también, como uno que veo salir de una de esas puertas, avanzar por frente a dos de ellas con una carpeta en la mano, tocar infructuosamente en una tercera y desandar el camino. Tiene el aire de uno de esos jóvenes del XIX, avergonzado de una cabellera sin canas, de una cara sin arrugas, de un vientre plano, que desentonan entre tanto paso torpe y espaldas encorvadas. La barba redonda que se ha dejado crecer lo avejenta (favorablemente, diría uno). Por lo demás, un joven común y corriente (aunque noble).

Una tablilla en la puerta: CONDE ANDREI KIRILOVICH GOLITSYN. De aquellos mismos Golitsyn. En 1613, cuando se celebró la última elección dinástica, un Golitsyn debió ser elegido zar. Entre las familias más ricas del país, los Sheremetiev, los Yusupov. Se presionó entonces (presionaron los sediciosos *strelsi*), y salió elegido Mijaíl Romanov. Por lo que la dinastía que en 1913 celebró trescientos años en el poder pudo ser Golitsyn y no Romanov. Así de grande.

Mientras espero leo en un mural, allí mismo en el pasillo, el «texto del poema para el himno de la Asamblea Rusa de Nobles para el cual los participantes del concurso a la mejor melodía deberán escribir la música»:

¡Soy un noble!
(Proyecto del himno de la Asamblea Rusa de Nobles)

Dios guarde a nuestro Estado Ruso
que nos habla con el repicar de sus campanas.

¡Soy un noble ruso! Conmigo están el Águila Bicéfala, la Cruz Ortodoxa y mi Espada de Noble.

Y entrelazados a los brotes de aquel Viejo Tronco florecen la dignidad y la honra de nuestro Santo Estado. Tú, Patria, a quien ofrendamos nuestro talento. Bendice nuestras buenas acciones.

Estribillo:
¡Soy un noble!
Y que como a mis antecesores
en los años claros y en los días aciagos
el Señor me ayude a servirte
con valentía e inteligencia.
¡A servirte, Gran Rusia!
como a mis antecesores, con valentía e inteligencia.
¡A servirte, Santa Rusia!

Una joya. Me quedo mudo de asombro. Pido una copia al ayuda del conde, el joven de la barba. No puedo dejar de pensar que el nuevo himno ruso, una obertura de Glinka, no tiene todavía letra, y que el de los nobles, por el contrario, tiene letra, pero no tiene música. ¿Por qué no usar ésta para el nuevo himno ruso? Una joya. La imagino entonada animosamente por los albañiles que reparan la casa, marcando el paso con escobas y serruchos al hombro.

7

Tiene el aspecto de un profesor de física o electrotécnica. Como en esos sueños que incomprensiblemente debemos rendir un examen para el que no nos hemos preparado: el mismo buró de madera prensada que en los salones de mi instituto, el mismo gabinete chapado con madera barata, las cortinas sin cuerpo en la ventana. Sólo que, en lugar de Lenin, desde el cuadro me «mira» Alejandro III. Un conde, debo decirme. Su barba cuidada, el traje de tela gruesa, elegante.

Soy del linaje de los Golitsyn, una rama antigua, histórica, nobles rusos desde fines del siglo XIII. Siempre supe que era conde, mi familia nunca me lo ocultó. Para mí no existió el problema de saber quién era, de reencontrar mi pasado. Mis condiscípulos de la escuela y la universidad lo sabían. Tenía incluso un apodo, «Conde». El mío es un apellido tan conocido que era imposible no saberlo, ocultarlo. Pero nunca entorpeció mis relaciones: tenía mi círculo de amigos, nunca sufrí ostracismo. También tenía muchos parientes nobles, los Sheremetiev, por ejemplo. Éramos una gran familia, con abuelitas y tías por todo Moscú. De niño les oía contar anécdotas de su vida anterior. Se me grabó lo que contaban mis padres, mi abuelo. Una tía abuela me decía: «Si tu bisabuelo viera lo mal que te portas»...

Aunque, claro, bajo el poder soviético la nobleza fue perseguida, y al principio hasta físicamente exterminada. Fue mal vista hasta el ultimo momento. Aunque, también hay que decirlo, en los setenta, en los ochenta, no era algo que te impidiera hacer carrera. Yo me hice pintor, ilustrador de libros infantiles. Mi padre, sin embargo, sí fue víctima de muchas represiones. Cuando comenzó la guerra fue arrestado varias veces, algo que vi de niño. Y muchos otros parientes fueron arrestados, murieron en los campos, en prisión.

En 1990 mi padre, el conde Kiril Nicolaevich, fundó la Asamblea, porque para entonces la situación en Rusia había cambiado, comenzaron a surgir organizaciones, la de los Cosacos, el Gremio de Mercaderes y la nuestra aparecieron en ese momento como algo natural. Claro está, hubo iniciadores, personas que acumularon la idea y supieron llamar la atención. En los primeros años no fue muy grande, unas sesenta personas. Y perseguía el mismo objetivo que las organizaciones que ya mencioné: ayudar a que renacieran ciertos principios éticos, restablecer los vínculos con el pasado.

Hoy, contando los miembros de todas las familias, la Asamblea agrupa a más de diez mil miembros. Todos los que han ingresado en la Asamblea, todos los que han entregado sus documentos, han debido primero demostrar sus raíces. En este sentido tenemos reglas estrictas. Lo que hacemos es que abrimos un expediente en el archivo, cada miembro de la Asamblea tiene el suyo, con los documentos que fueron presentados y los demás que siguen llegando. Antes de la revolución, de esto se ocupaba el departamento de Heráldica del Senado, una institución estatal. Pero en aquel entonces se daban títulos también por mérito, no sólo se heredaban. Sí, a diferencia de Europa, había mucha movilidad dentro de la nobleza rusa, se entregaban muchos títulos. Además, en Rusia, una determinada condecoración, un determinado rango, te hacía noble de manera automática. En el ejército quien ascendía a coronel era hecho noble automáticamente. De modo que la nobleza todo el tiempo admitía a personas en sus filas. No había castas, y tampoco hoy puede funcionar como una casta cerrada, porque no existe un árbitro superior que pueda decidir de manera efectiva a quién admitir y a quién no: en los marcos de una organización social como la nuestra, no tenemos la potestad para hacerlo.

Sólo un monarca, lógicamente, puede otorgar títulos de nobleza. En una formación estatal –una monarquía– donde los estamentos sean parte natural de ella. Y, lógicamente, consideramos la monarquía como el más natural de los gobiernos. Creemos que sólo ella podría unir a Rusia, encontrar el modo de pacificarla, porque el monarca es un ser supremo que no recibe el poder gracias a intrigas políticas, ni en batallas partidistas, sino que lo recibe por herencia, es preparado para este servicio desde la infancia, educado, entra al sistema de manera natural y obtiene la pesada carga de guiar el estado de manos de su padre. Lógicamente, el emperador busca dejarle a su hijo no un país devastado, destruido, sino boyante, de ser posible. Por otra parte, entiendo que difícilmente mañana la monarquía se restaure en Rusia; por eso las ideas monárquicas no constituyen nuestro credo político, no son la base de nuestra organización. Porque el único objetivo de las organizaciones monárquicas es llevar un monarca al trono, no van más allá. Nosotros, sin embargo, estamos dispuestos a colaborar con cualquiera a quien le preocupe la suerte de nuestra patria, de nuestro pueblo, y que tienda a encauzar toda su energía a conseguir su bien.

Por esto, cuando –quizá usted lo haya escuchado– se entregan títulos, se ordenan nobles, esto no tiene nada que ver con nosotros, lo hace una organización con fines de lucro, porque no sólo se venden, son otorgados como favores. Dentro de nuestra Asamblea de ello se ocupa el departamento de Heráldica y Genealogía. Es un servicio serio, en el que trabajan profesionales, personas que se han especializado, y en diez años han acumulado un archivo importante, que ya no sólo representa interés para nuestra organización, sino que también es valioso desde un punto de vista histórico: le hemos dado una copia al Archivo Estatal. Tenemos cerca de veinte departamentos, cada uno de ellos con su perfil: de Prensa, de Ciencia, de Relaciones Extranjeras. Funciona también un comité honorario, de damas, que también se ocupa de la beneficencia. Organizamos actos culturales, conferencias científicas, simposios, participamos en diferentes actividades. Tenemos vínculos con organizaciones hómologas en el extranjero y también con organizaciones con las que compartimos una misma comprensión de nuestra tarea, y nuestra actitud con la actualidad rusa y el futuro de Rusia. Hoy día tenemos filiales por todo el territorio del ex imperio ruso, tenemos varias en Ucrania, Bielorrusia, en las repúblicas del Báltico, en el Cáucaso, así como en Finlandia, en Australia, en los Estados Unidos, filiales y representaciones, tenemos miembros entre la emigración rusa.

Bueno, a veces intentamos dar algún consejo y se los damos. Pero son pocos los que los oyen, je, je. Más bien nos vemos como un bastión de ciertos principios éticos, ¿sabe? Cuando ha sido usted precedido por generaciones, si tus antepasados sirvieron al zar, al país, y lograron ganarse el respeto general, eso cuenta. Lo puedo ilustrar con mi experiencia personal; cuando se organizó la Asamblea y comenzaron a buscarnos, los que llegaban eran personas soviéticas, educados bajo el poder comunista, pero al cabo de cierto tiempo vi cómo esas personas comenzaban a cambiar, es decir, asumían una nueva mentalidad, una responsablidad, la conciencia de que no eran simplemente particulares, sino que habían sido precedidos por cierta capa social, y que te debes al círculo al que perteneces.

Es muy importante; cuando no existe un criterio, cuando nada te limita, entonces aparecen la licencia, los desmanes. Pero en un sentido más amplio esa función de salvaguarda la cumple la Iglesia. Mientras que nuestros objetivos son más estrechos; sólo podemos exigirles que sean educados, honrados, honestos. Si una persona sobrepasa los límites de la decencia, puede ser expulsado de la Asamblea.

Insisto en que lo primordial es basarse en principios éticos, ser honrados. Por eso digo que habrá orden cuando seamos gobernados por personas honradas, es lo más importante. Porque una persona lista, pero un bandido, es más peligrosa.

8

A la salida de la Asamblea de Nobles, casi junto a la boca del metro, paso junto a un miliciano a quien le basta verme de espalda para determinar que soy extranjero, que quizá no tengo los papeles en regla (según las normas de esta ciudad), y me llama. Se me acerca y comienzo la farsa de que no sé ruso, soy un turista y desconozco la ordenanza oficial (porque Rusia sigue siendo un estado policial, después les explico en detalle), que obliga a los visitantes, a los turistas, a cualquier foráneo a registrarse en las oficinas de la policía «en un plazo no mayor de tres días a partir de su arribo». Y hoy estamos a… Han pasado diez días». Yo saco por fin el pasaporte. Finjo que no sé ruso y él se explica trabajosamente en inglés. Cuenta doblando los dedos, se los escupe como un campesino y le habla a un segundo policía que con una metralleta (patrullan las calles como si hubiera un estado de sitio, con metralletas terciadas) se le ha acercado. La mirada de este segundo es obtusa, alguien que ni se dignó copiar en las clases de inglés. Interrumpe los esfuerzos del otro, su inglés defectuoso. «Llevémonoslo –dice–, a la estación y punto. Que allí pague.» Quiero aliviarles el examen y suelto algunas palabras en ruso, que el primero capta alegre. *Vo, vo!* (¡Eso, eso!) Le digo: dinero, te pagaré dinero aquí mismo (y matamos el asunto). Treinta dólares pide: diez para mí, diez para él y diez para otro (hay un tercer policía que ahora descubro avanzando por la calle). Treinta es mucho, diez es lo justo. Saco la cartera y espía interesado, como un ventrudo policía turco (es ventrudo y joven), el contenido de la cartera. Le doy los diez dólares y lamento, al momento, no haber falsificado el registro que tengo del hotel, el lugar de «semilujo» que dejé. Es que no he encontrado una pluma con la tinta del mismo color.

Julio del 2000

TERCERA SEMANA

1

Del mismo modo (único) que en una secuencia de imágenes podemos encontrar el mismo objeto, nos llama la atención un objeto que aparece siempre inmutable, dibujado como una figura recortada que se aplica a fondos cambiantes (a veces esa figura es uno mismo que se hace fotografiar a los pies de una torre, recostado al malecón de un río, entre los árboles de un parque. Imágenes tomadas durante el mismo día, una misma tarde, por lo que viste uno la misma ropa), del mismo modo, en tres lugares diferentes de Moscú aparece incrustado Matsuo Basho (Ueno, 1644-Osaka, 1694).

Una primera aparición en un puesto de libros en el Museo Pushkin de Bellas Artes (Voljonka, 12). Entre sala y sala, a un costado, una mujer vende libros en un pequeño puesto. Ya había comprado antes, abajo, junto al guardarropa, varios kilos de libros (*De Manet a Picasso. Schukin y Morozov. Coleccionistas*), de los cuales se resentirá mi espalda, pienso. Y por si alguien se ha saltado aquel puesto, esta vendedora tiene una colección mayor y más interesante. Hojeo varios y compro una edición bilingüe de T. S. Eliot. Vale nada: un dólar quince centavos, y la compro sin vacilar. El libro de Basho tiene dos inconvenientes, es un poco más caro y también más pesado. Busco un haiku que recuerdo de 1983 o 1984:

> *Ayer, por el sendero*
> *Del sueño,*
> *Viniste a mí.*

Me lo llevo (termino llevándomelo). Inspecciono todavía otras salas, los magníficos Matisses. Un artista japonés. No recuerdo si Basho aparece aquí, mientras me inclino y estudio las anchas hojas, el agua de *Peces de colores* (1912), no lo recuerdo. Cuando llego a casa, pongo el libro de Basho en la tercera caja de libros que ya he acumulado.

Pero días después, en el Camino Hacia Sí Mismo, la tienda, vuelve a aparecer la misma figura, como una pequeña pieza pesada de bronce, la figurilla estilizada que un artista no duda en volver a utilizar en otro cuadro (colocándola en un ángulo).

Ese ángulo alejado en la percepción del día es la conversación irrelevante que sostengo con una de las muchachas del Camino Hacia Sí Mismo que vende aceites perfumados. En un momento, cuando me muestra un perfumero de latón con el corazón de fieltro para untarse ligeramente (sobre la delicada piel del cuello, al reverso de la muñeca, me muestra), levanto el libro que ha dejado abierto sobre el mostrador, boca abajo, y descubro que es una antología de lírica japonesa. Lo volteo, lo hojeo. Sí. Basho.

—Basho —le digo—. Haikus, *tankas*.
—Haiku, sí. *Tankas*, no sé. *Tankas* las llaman en China...
—Y también en Japón.
Termina de cerrar el perfumero, lo vuelve a su lugar.
—En Japón, claro está, también son *tankas* —insisto—. Véalo en la introducción...
(Porque todos los libros, casi todos, son brevemente introducidos.) No alcanzo a alejarme del mostrador.
—Sí —oigo a mis espaldas—, tiene razón. *Tanka* también, entre los japoneses. —Porque lo ha consultado cuando le di la espalda.
Y pasando ahora, mentalmente, por este *locus* de la memoria, hallo de nuevo a Basho. Se recorta en aquella tienda, me inclino para observarlo mejor y descubro que no es una mera silueta, sino una pequeña abertura, una puertecilla por la cual, acercándome más, haciéndome diminuto, logro pasar a otra habitación.
Estoy ahora en la sala de un restaurante japonés, también en Moscú. Un Yakitori. Una cadena de *sushi* (algo tan vulgar como eso, con los platos en unos menús plasticados con fotos en colores). Hasta aquí, un restaurante americano o japonés, esa mezcla (¿californiana?). Pero ha sido ambientado con un increíble buen gusto. Es éste un país, Moscú (permítaseme hablar de Moscú como un país), donde siempre logran asombrar. En esto: como no han tenido antes restaurantes japoneses, se lo han tomado demasiado en serio. Restaurantes que quizá en otro país dejarían al nivel de sillas plásticas los han provisto con mesas de madera gruesa, agradables al tacto, cortinas caligrafiadas, braseros, y de las paredes (absolutamente cierto,

el Yakitori de la calle Petrovka) cuelgan cuadros con haiku de Basho, de Iza, de Kikaku. En traducciones al ruso. Los mismos autores del libro que me he comprado en el Pushkin y los mismos del que leía la muchacha en la tienda. No puedo resistir la tentación de ponerme de pie, acercarme y leer los que tengo frente a mí. Como he vivido en Rusia muchos años, no me asombro, pero los pongo aquí porque sé que pueden asombrar al lector. Como lo más natural del mundo. Debemos suponer que muchos de los camareros lo han leído al menos una vez y han comentado algo, que quizá a alguno le ha gustado y saben qué es un haiku y cuál es su métrica.

2

Un pintor, irremediablemente, se viste siguiendo una moda perecedera. Cien años después se verá ridículo e infantil en una foto, como Henri Matisse, en casa de Serguéi Schukin, el coleccionista ruso, con un traje de 1911. De un corte que irremediablemente delata el año... El sombrero hongo, los botines de gruesas suelas de cuero, polvorientas y gastadas (que no se ven en la foto). Pero al fondo, en la pared, contra un empapelado también horrible, a franjas, cuelga un cuadro suyo, de una mujer con blusa y falda, modernísimo, lleno de luz. Igual al día y los ágiles danzarines que Schukin le encargó para su comedor (un comedor que puedo imaginar perfectamente atestado con muebles que tampoco usaría en mi casa hoy). El cuadro, sí, sin duda (sí tuviera los millones). Antes, además, todo valía menos. *La reina cisne* de Vrubel, que Mijaíl Morozov, el otro coleccionista, compró por trescientos rublos.

No es ésta al Pushkin, me digo, una visita turística. Solía visitarlo cuando vivía en Rusia (saliendo en los días nevados de la estación, pasando por frente al espacio vacío que ahora vuelve a ocupar el Templo de Cristo Salvador). Y una vez en San Petersburgo, fui a una muestra, la más completa en años, de Matisse en el Ermitage, y meses después, volví a verla en Moscú, en el Pushkin. Sólo que no compré el catálogo. (Luego lo vi en casa de una amiga y se lo envidié.)

La fabulosa colección de impresionismo francés, las minúsculas reproducciones al final del grueso catálogo del Pushkin sirven para mostrarnos una parte por el todo, la explosión artística de aquellos años. La increíble sintonía con lo mejor de la época. Nunca habían estado tan al día los rusos y nunca después han vuelto a estarlo. Tenían el dinero, pero también un gusto increíble (en un imperio a punto de desaparecer). Cuarentones seguros de sí mismos, Morozov, Schukin, Riabushinski, con una increíble fineza de gusto, amantes de las tallas africanas. Tan europeos ya (después de haber sido una nación asiática) que viajaban a África, a Abisinia, y se traían de allí versos como Nikolai Gumiliov y traducciones del Popol Vuh, de México, como Konstantin Balmont. Y esto, otra vez Japón, la «vecina isla», que Balmont visita a fines de siglo. En una monografía me asombró leer esto: que a los japoneses los maravilló la imagen de un poema de Balmont, algo tan simple como «susurran las hojas de los árboles». «¿"Susurran las hojas de los árboles"? ¿Tan simple?» Sí, aseveraba la monografía, porque era una imagen inédita para los japoneses, que los dejó pasmados. No lo pongan ustedes en duda. Y todos esos contactos exóticos, tantos viajes, dejaban («labraban») su huella en los salones. Colecciones que te dejan pasmado. Todo el Pushkin es eso.

Más de doscientos veinte cuadros compraron entonces: Cézanne, Picasso, Maurice Denis, Gauguin.

Y en otro libro me topé con esto, una historia también casi inverosímil. Que el Aduanero Rousseau conoció a Picasso y lo felicitó: «Usted y yo somos los únicos (o últimos) pintores egipcios». Sé perfectamente qué quería decir con esto, aunque no pueda explicárselo ahora. Los dos pintores (egipcios) comparten una misma sala del Pushkin, Picasso con *Familia de comediantes ambulantes*, de 1905, y el Aduanero con *Jaguar atacando un caballo*, de 1910. (Ambos comprados por el mismo coleccionista ruso.)

Y luego tiene el Museo Pushkin arte antiguo verdadero, aunque descontando la colección del Tesoro de Troya, el oro que desenterró Heinrich Schliemann en 1874, y que sesenta y siete años después las tropas soviéticas se trajeron de Alemania como trofeo, y mucho de arte egipcio (verdadero), la mayoría de las esculturas en las salas de arte antiguo, son copias, vaciados en yeso de esculturas clásicas para uso de los estudiantes rusos. Los toros de Nínive, por ejemplo, que me hacen detener el paso: sus formidables pezuñas del tamaño de una cabeza de hombre, sus flancos inabarcables, el vello trenzado, la desproporción con la escala humana, proyectan sobre mí, a tres mil años de distancia, el tamaño, el peso del estado, despliegan gráficamente la insignificancia del súbdito. (Y esta otra anécdota: quiso saber Stalin por qué el juez de instrucción no lograba la confesión de Kamenev. Y al oír que aquél se resistía, preguntó: ¿Resistirá, sin embargo, al peso de todo nuestro estado? Porque ¿cuánto pesa nuestro estado? Y levantó el índice y señaló al techo, o al aire, sin abrir la boca: mucho, inconmensurablemente mucho, nada puede equipararse a su peso.) Justamente proyectan hacia mí, esos toros, todo el peso del estado babilónico. Grandes y pesadas son también las estatuas que hienden el cielo de Moscú en muchos puntos. Torpes muchas, pero erigidas con absoluto conocimiento de esa desproporción babilónica, calculada para infundir respeto. Se apropian del espacio con absoluta seguridad y jamás se pierden contra los edificios al fondo, burguésmente, como un burgués que quiere pasar inadvertido. No: centran todas las miradas, aun las más feas y bastas; bellas, sin embargo, por sus justísimas proporciones, dueñas de todo el aire alrededor. Y Zurab Tsereteli, que se ha adueñado también de todo el espacio de la ciudad, un georgiano, un viejo monumentalista de la época soviética, supo adivinar la nueva pretensión imperial de la Rusia postsoviética y ha logrado mitigarla con monumentos como el de Pedro I (1992), en el Moscova. Horrible en sí mismo, de pésimo gusto, pero de proporciones justas (en su fealdad) que «se ha inscrito» en el paisaje (ribereño). Los vaporcitos fluviales aflojan el paso llegando a él para que podamos admirar los surtidores que bañan el pedestal. También en España colocó algo suyo, un huevo inmenso, un monumento a Colón. Y gana esos concursos en el extranjero por esa misma razón: porque su alma, despiadada y autoritaria, dobla y triplica el tamaño de las estatuas de sus competidores que jamás han dispuesto de un estado con todo el bronce, con cientos de fundidores, con grúas de portal y helicópteros grúas, el empuje de la sexta parte del mundo (hoy disminuido, un *phamton*, su inercia). ¡Pero de todos modos! ¡De todos modos!

Conversación con Nelly, diseñadora de cortinas. A veces lamenté no tener conectada, lista, la grabadora. La reproducción magnética tiene, es seguro, la fuerza de la fotografía, pero la reproducción de la memoria aporta matices, aplana la perspectiva, concentra luz en ciertos pasajes, espesa la línea de un contorno. Me resultaba violento sacar la grabadora, además; veía aparecer y desaparecer su relato ante mis ojos y no sabía si lograría acordarme. Estaba impresionado. Una manera de expresarse absolutamente plástica. No, no ha probado a escribir. «Tengo un amigo en Alemania y en invierno le envié una carta de cuatro cuartillas. La estuve escribiendo como tres o cuatro horas. Hacía mucho que no me sentaba a escribir, y cuando mi amigo la recibió me dijo que debería escribir novelas...»

«Veo ahora cosas que antes no veía –también me dijo–. Pasaba antes mil veces por delante de un edificio. Me gustaba verlo, lo admiraba. Pero no veía nada de lo que ahora veo.»

Me contó esto:

Se había hecho de una nueva profesión, como todo el mundo en los últimos años. Había estudiado para algo, no recuerdo bien, pero sin llegar a ejercer. En Rusia habían surgido nuevas profesiones de la noche a la mañana; todo el país necesitaba órganos que no existían o cuya existencia no sospechaban, y los rusos, como células madre, habían sabido especializarse en tejido óseo, en tejido muscular, en riñones, en piel, en ojos. Habían recibido la señal, algunos habían sabido decodificar la señal, inmersos todavía en el líquido amniótico de los ochenta. Un levantamiento prodigioso desde las profundidades embrionarias de las profesiones antiguas: acero, puentes, ferrocarriles, aviones, *reperfilándose* (para decirlo en ruso) en oficios menos pesados como el nuevo de Nelly: coser cortinas. El arte, la profesión de encortinar ventanas llevada al rango de arte. Me lo explicó en detalle y el efecto que había tenido en ella. Cómo cambió su manera de ver, de percibir las calles de Moscú, sus edificios, y las ventanas en ellos. Desde abajo, de pie sobre la acera, podía, me dijo, saber si sus dueños se habían transformado o no en nuevos ciudadanos, si conservaban las simples cortinas de tul de la época soviética (como en la Asamblea de Nobles) o si habían contratado los servicios de un experto. Cinco o seis en todo Moscú. Viajaba a ver clientes por toda la ciudad. Tenía un móvil por el que algún hombre con fortuna reciente, que despertaba un día con demasiado sol en la cara atravesando sus delgadas cortinas, la llamaba. Jamás sospechó, me dijo, que se pudiera vivir de diseñar cortinas. Trabajaba antes en una tienda, había estado tres años tras un mostrador como una de esas tenderas irascibles y bellas de Moscú que te atienden «con el continente de un rey de incógnito y que descubre, desagradablemente sorprendido, que además de llevar el delantal y el lápiz tras la oreja –indispensables para el disfraz– debe también correr de la cocina al salón, apuntar los pedidos y soportar las quejas de la clientela»

(*Enciclopedia de una vida en Rusia*). Entró a trabajar, luego, en la *Casa de Francia. Decoración e interiores*, una revista como de arquitectura en papel que en sus páginas adelantaba la aparición de la arquitectura real. Había aprendido, me aseguró, todo sobre las cortinas. Le seguía pareciendo un prodigio que pudiera vivir de algo tan decididamente ligero y superfluo. Una actividad artística. Lo enfocaba así. En su casa, en la habitación-mueble que compartía con Víctor, su esposo, levanté de entre un grupo de libros en el piso un catálogo sobre el *art déco*. Fue eso lo que hizo que conversáramos, el movimiento de mi mano, involuntario. Le halagó, me explicó después, que alguien se interesara por sus libros. Un estilo de moda entre los Nuevos Rusos, el *art déco*. Le mencioné a Tamara de Lempicka. En la librería a dos cuadras de aquí, me dijo, venden un libro sobre ella. Una rusa, ¿sabes?, o polaca. En los treinta no había tenido Rusia *art déco*, conjeturé, y luego lo comprobé en la calle. Había tenido *art nouveau* (la estación Yaroslavski, todo el Kamergersky Pereulok, el Metropol en la plaza del Teatro, frente al Bolshoi), luego constructivismo (la oficina central de Correos, la casa Menchikov, medalla de oro en la Exposición Universal de París, en 1925, la mole del cine Udarnik), pero lo que había debido ser *art déco* fue el estilo imperio estaliniano (*stalinski ampir*). Todo Moscú, virtualmente. El metro, el rascacielos de la universidad, la calle Tverskaya. Había modelado Stalin (sus arquitectos) un universo coherente. Desde el ornamento de una tetera de porcelana a la marquetería de una cómoda, cargando cualquier objeto de un profuso simbolismo militar:

estrellas, festones, haces de lanzas. Por todo Moscú, los frisos de sus gigantescas construcciones estilo «pastel de boda» acotan las guías (sus escritores, despistados). Ciertamente, recargados en extremo, pero de un gusto distinguible, aislable, con ramificaciones definidas a servicios de té, vajillas, muebles, pinturas, mosaicos. Un estilo que lo penetró todo, armónico si se quiere, porque un kitsch pesado, que se toma demasiado en serio y es consecuente además, llega a constituirse en estilo. Y los años mejoran el trabajo (su rendimiento). Vistos en tiendas de anticuarios (en Moscú predomina lo viejo estaliniano, en San Petersburgo, lo viejo *nouveau*), sorprende por la calidad de su factura, brillan aureolados por el prestigio de lo soviético, lo rotundo, lo seguro y fuerte. Una reedición de ese estilo imperio estaliniano, digamos, una estilización que se consigue fácilmente con el *déco*, que es igual de totalitario. Entre el *Adán y Eva* de Lempicka, un cuadro de 1931, y el *Obrero y la Koljoziana* de Vera Mújina, la escultura de 1937, no hay mucha diferencia, bien vistos: la misma hinchazón neumática, facetada, suprahumana.

Nouveaurich suena como una palabra rusa (*tovarich*, *nuvorich*), un poco ridícula, como el advenedizo, con esa «ch» al final que delata el proceder serpenteante y quizá rastrero del advenedizo. El adjetivo *nuvorich* va casi siempre unido al gusto, a tendencias. Hay mucho gusto y tendencia *nuvorich*. El *nuvorich* o Nuevo Ruso es digno de burla y su prepotencia provoca situaciones cómicas. William no cesa de hacer chistes sobre los Nuevos Rusos:

Un Nuevo Ruso va al mausoleo a ver a Lenin, pero lo encuentra cerrado. Lo piensa un poco, se acerca al soldado de guardia, le clava un billete de cien dólares en la bayoneta. El soldado:
—¿Lo ve adentro o se lo saco?

Le oigo discutir con un cliente desde el baño (con un *nuvorich*). Me lavo las manos y el agua se escurre, sucia (en casa de mi amigo Silvio). Todo un día en Moscú, me digo. Toda esa suciedad que se me pega en las manos. El combustible, quizá, aunque el aire es aquí bastante fresco y claro.

Sigo toda la discusión con el cliente, sus altibajos. La vez anterior me contó que algunos, medio mafiosos, como el que quiere las ochenta ventanas, lo amenazan. Silvio hace hincapié en las ochenta ventanas y si a él lo asombra, a alguien que se ha especializado en ventanas, ¿qué decir de mí? «¿Es el cliente de las ventanas?», le pregunto cuando salgo del baño y la discusión ha terminado. «¿El de las ochenta? No, claro que no. Tengo mil clientes.»

Me ha traído el plano de la casa de las ochenta ventanas, sin embargo. Lo estudio con atención. En un plano de arquitectos, y abajo, como me enseñaron a mí mismo a hacerlo cuando estudié dibujo técnico, indica la escala y alguna otra especificación, el nombre del dibujante. El hombre está dispuesto a pagar setenta mil dólares sólo por las ventanas, me ha dicho Silvio, y los dibujantes, los arquitectos, todos deben haberlo clavado de lo lindo. Alguien que quiere ochenta ventanas (ochenta contando las ventanitas) puede y debe ser clavado sin misericordia. No logro conocerle, pero luego veo a un hombre, cuando visito el casino, que bien podía ser el cliente de las ventanas. Un cincuentón de cejas rubias, pelado al rape, cadena de oro y camisa hawaiana que salta alegre de su Cherokee (o lo que sea), todavía joven, dispuesto a pasar el resto de su vida en una casa con ochenta ventanas.

3

La música este verano es la misma, en términos generales, en términos de poca calidad (pésima), que la de otros veranos. El mismo pop deslavazado, pobre, con arreglos de risa o llanto. (Quería hablar sobre ello con Orlov, aquel músico.) La impresión que se tiene es que oyen sólo la peor música europea, Duran Duran, o aún peor, Pet Shop Boys. Ese tipo de ausencia de espesor sonoro. Sin embargo, oigo también música latina en Moscú. Y un día que voy pasando por una calle del Arbat, de la ventana de una vieja casa me llega la música de un septeto cubano. Un son de aquellos programas de mi infancia que me llenaban de angustia a las siete de la tarde: señores muy viejos como el padrino de mi mamá (que también me llenaba de angustia). Algo bien lejano, que jamás pensé escuchar algún día en Moscú, de pronto, en esta calle, empaquetado electrónicamente. Cosa impensable hace años (aunque para ser francos, no sólo en Moscú, sino en cualquier ciudad que no fueran Bayamo, Sancti Spíritus, Ciego de Ávila, en lo más profundo de Cuba, ese país).

La escucho también en un café, el Kafetún, mientras hago cola para pedir un expreso (una carta muy completa, todo tipo de cafés) a treinta y cinco rublos. Y por entre la música oigo el comentario de dos rubias detrás de mí sobre el accidente del Concorde. ¡Un horror! Cayó sobre un hotelito con polacos. Lo incendió. ¡Un horror! ¡Un puro horror! (Visten de gris y muy elegante.)

«¿Has estado en el Scandinavia's?» «He estado en Voodoo Lounge.» «Pero ¿dan comida en el Voodoo? ¿No es un lugar para bailar?» «Sí, pero es todavía temprano para irnos al Voodoo.»

—¿Es que hay un anuncio aquí?

SCANDINAVIA'S SUMMER CAFÉ – GRILL & BAR
If you haven't had the opportunity to pay us a visit, please join us at Scandinavia's Summer Café. A great place for casual drinks and summer dinning. Whether you wish to brunch, lunch, dine or much, Scandinavia's Summer Café offers a unique Swedish grill, fresh salads and home-made ice cream all prepared from ingredients selected especially by our Swedish chefs. Our street-side bar is an ideal place to meet for a cold beer, organic juices or midnight Margaritas.
Your favourite café in the heart of Moscow (Tverskaya, 19)

Una atracción turística menor. El Voddo Languague, una disco de moda. Antes de entrar, como voy en bermudas y sandalias, me detengo ante las regias cortinas, las mesitas con veladoras. En el bar, al que dan unas puertas encristaladas, han dispuesto unas mesas de billar y unos tipos de maneras rápidas y acusadas, «artísticas», juegan allí. Uno de ellos ha dejado sus zapatos junto a la silla y palmea, descalzo. El otro mete una bola complicada, un golpe ejecutado elegantemente y se jacta bromista: «¿Has entendido?» (¿Comprendes ahora cómo hay que jugar?). Un grupo que bien pudiera estar en un lugar varias categorías más bajo. Éste, sin embargo, es de los más lujosos y más caros de la ciudad.

Julian West (*El año 2000*): «Por lo cual accedí a la proposición, muy interesado por saber cómo serían las mujeres del año 2000». Yo también. Entraban por oleadas al Voodoo, sentado en la barra con un tarro de cerveza, las veía entrar, todas con sus vestidos de baile, algunas simplemente en jeans.

Es muy fuerte en Moscú el contraste con ciudades con una migración de más lejos. La gradación racial es aquí más ligera, más tenue, pero una vez que se ha aprendido, puedes sorprender gratamente a cualquier mujer, estableciendo finamente, con ojos de conocedor, de qué nación del imperio proviene. Toma años, pero no hay nada que pasme más a una persona-mujer que el cálculo exacto, el despeje exacto de su sangre. Más ahora que antes, porque han recordado que alguna vez también fueron nobles, hurgan en sus pasados y se sacan príncipes yakutos o buriatos, dinastías calmucas. Y afloran, en efecto. ¿No son principescos los rasgos de las mujeres que entran a la disco, delgadas, sus rostros como cubiertos por máscaras de fino oro? Cuidados por los mismos cosméticos occidentales sus pómulos étnicos.

Y sentado allí con la cerveza en la mano, con sólo hacer resbalar la vista por las mujeres que entran, elaboro mentalmente una lista de pueblos tan extensa como en la *Ilíada* o en Herodoto: chechenas, georgianas, abjazianas, bashkirias, daguestanas, yakutas (y todos los mestizajes con los rusos que a su vez son mestizos, preciosamente mestizas, las rusas, aun las que tienen los ojos azules y el pelo claro. En otra combinación de colores, sí (como en otro cuadrante de Warhol), pero que exploradas al tacto no se diferenciarían un ápice de un rostro chino. Sólo el cuenco de los ojos, quizá, pero el óvalo, los pómulos, la caída del cabello. Tártaras, ucranianas, komies. No del blanco al negro y al asiático marcado, sino en una velada, *sfumata* transición. Y algunas que das por sentado que son de madre tártara o georgiana o armenia, resultan rusas de madre y padre, pero que, miméticamente, en un lugar donde no se es verdaderamente bello sin un poco de sangre ajena, imitan la coloración, un perfil mestizo).

Y una nación que años antes escuché mencionar, incrédulo, en la portería de una casa a la que fui. Mi amigo no estaba, decidí esperarlo y entablé una conversación con el portero. Un asirio. Aquello me sonó como si lo hubiera visto entrar a la garita del portero llevando por las riendas a uno de aquellos inmensos toros de piedra. Me aseguró que había muchos en Moscú, asirios. ¿Cómo era posible? Lo miré: un señor jubilado. Me informó que había trabajado en un ministerio… (¿Y habrían dejado trabajar a un asirio en un ministerio? Como si hubieran podido decirle: «Es usted muy mayor, ¿sabe?». Tres mil años por lo menos.)

«El reino asirio fue destruido entre el 612 y el 609 por una coalición de medos y babilonios.» ¡Mentía la Británica o mentía aquel hombre! Al oírle pronunciar asirio, que era de esa nacionalidad, pensé que estaba equivocado. Era un hombre de tez cobriza, gastada, pero ¿por qué no armenio o azerí? De los azeríes que venden frutas en los mercados moscovitas y encarnan el mal caucasiano; los «negros», como los llaman las amas de casa que jamás reciben una rebaja de ellos, que los odian.

El asirio como posible fósil viviente reapareció años después en la voz de otra enciclopedia, del *gulag*, entre las palabras de una explicación docta, mencionado de paso y sin que el autor sintiera la necesidad de aclarar la presencia de aquel pueblo (mítico) en Moscú. Que a Stalin lo llamaban «Gutalin», como un betún para zapatos, por su semejanza con los asirios que en Moscú son limpiabotas: el mismo blanco amarillo de los ojos, la misma tez cobriza, el mismo acento inflexible. En los campos de concentración, quizá habiendo ido a dar a un campo de concentración por haber pronunciado aquel apodo, desahogándose: «¿Quién si no? ¡Gutalin! Ya sabes, el *bigotes*». Y así, de esta manera tangencial, quedaba comprobada la existencia de limpiabotas asirios en Moscú. Se lo comenté a varias personas, pero nadie lo había escuchado jamás. Ni el señor portero, que quizá nunca había trabajado en un ministerio, me habló de aquella profesión. El oficio de todo un pueblo (no importa que tan antiguo), como en Nueva York los taxistas son hindúes o paquistaníes. En Moscú los limpiabotas son asirios. ¿Cómo se entiende eso? No sé. Ni yo mismo... Ya les he dicho...

4

Los ultramarinos Yeliseyev, abiertos a fines del siglo XIX, ostentan un delicado estilo de opulencia que debe haber causado gran impresión en los contemporáneos. Yeliseyev abrió una tienda igual en San Petersburgo, en la Perspectiva Nevski, frente a la Biblioteca Pública. (Y cuando yo salía de escribir *Enciclopedia de una vida en Rusia* entraba a veces al Yeliseyev de San Petersburgo y compraba bien unas naranjas, un paquete de kéfir, un panecillo, algo para matar el hambre antes de llegar a casa. O si Liena me había pedido algo especial entraba y lo compraba allí, porque era la tienda mejor surtida de toda la ciudad. Me pedía bombones finos y tabletas de chocolate las más de las veces.)

Al fondo, en una sala separada de la principal venden toda la línea de la nueva vodka rusa, la Smirnov con «uve» al final en lugar de la con dos «efes», americana. Una historia fantástica, no menos original que la restauración del Templo de Cristo Salvador, la gloria ortodoxa. La restauración aquí ha sido del agua (vivificante, que arrojan al rostro de un héroe caído y abre los ojos bajo el yelmo) y es más profunda porque no todos los rusos son ortodoxos, pero sí todos beben vodka. Hojeo allí mismo la historia de la compañía, un librito en estuche de regalo con dos botellas menudas. Las formas de las botellas, en batería sobre los anaqueles con iluminación trasera, recuerdan las botellas de hace un siglo, como para pócimas o elixires, de farmacia. Cuadradas, con aire de respetabilidad. Toda la línea desplegada en aquellos ultramarinos de antes de la revolución porque Smirnov había sido proveedor de la Casa Imperial Rusa. El pasado que en cada botella testifican las medallitas doradas, de lejanas exposiciones, con leyendas ilegibles que en una cena, alzándola de entre las botellas vacías sobre la mesa, intentamos leer infructuosamente. Y caigo en la cuenta ahora, en esta sala, que debí el año pasado escribir sobre ello. No sobre el Templo de Cristo Salvador, un impulso estatal, sino sobre la hazaña más íntima, más cercana y comprensible al pueblo ruso, de relanzar la fabricación de aquella vodka histórica. Porque la reconstrucción del pasado quedaría inconclusa si no se restablecía, se reabría esa corriente líquida (límpida) con el beber anterior, en firme, con botellas de un galón. La Stolichnaya, fíjese bien la próxima vez, ostenta en su etiqueta algo tan absurdo como la fachada horripilante del hotel Moscú, con sus dos torres de diferente ancho y diseño, perpetuando en blanco y rojo (los colores de la etiqueta) el horror, el miedo cerval de los arquitectos que presentaron a Stalin dos planos para la aprobación de la fachada de aquel nuevo edificio, el hotel Moscú. Y Stalin, por creer que era uno solo, firma los dos (aprueba los dos) y los arquitectos, para no equivocarse (un error literalmente mortal) toman una torre de una variante y otra de la segunda, y construyen el edificio. Todo eso en la vodka todavía hoy más vendida, pienso. ¿No debía esa solución absurda, una vodka sin raíces, ser cambiada por una vodka antigua, cuya producción no debió ser nunca interrumpida; la vodka, sabe usted, de nuestros abuelos, que tomaban nuestros abuelos, una vodka superior? (El emperador Nicolás, y Alejandro II, incluso, porque la producción comenzó en 1860.)

Salgo de allí sin haber comprado una botella, alguna muy linda, ya lo dije: cuadradas, simpáticas. Para tenerlas en la mano, escanciar un chorro, recordar esa mañana, el agradable agarre que proporciona, tener tiempo ese día, a miles de kilómetros de aquí, de estudiar a fondo la ristra de medallitas.

Una tarjeta de presentación:

Casa Comercial Smirnov. Herederos de los Proveedores del Palacio Real de su Su Majestad Imperial. Fundada en 1860. Vueltos a registrarse en 1991. Firma especialmente refundada para volver a producir vodka rusa según las recetas de P. A. Smirnov.

La diferencia entre la Asamblea de Nobles y éstos es abismal: aquéllos son como personas bien intencionadas, nada más. Aquí hay dinero, y mucho. Ocupan una casa antigua, con moldura de oro en los techos, escalera con barandal de hierro forjado. Dos secretarias jóvenes e insolentes, rubias con cortos vestidos negros, de aspecto de absoluta vulgaridad e ineficacia. Abajo, los guardias de seguridad grandes, con trajes arrugados. Que pasan también de la mayor insolencia a la sonrisa más obsequiosa.

5

Drozdov es el lugarteniente de Boris Smirnov, ahora de vacaciones. Un hombre joven, de cuarenta y dos años. Pelo entrecano. Un pantalón de lino y polo azul. Como llueve afuera, sus zapatos de gamuza presentan dos tonos: oscuros hasta donde el agua los ha mojado (no usa repelente) y el más claro del color original.

Lo que no aparece en esos folletos que te di es la esencia de nuestro litigio con los americanos, con los productores de la mal llamada vodka rusa, y digo mal llamada porque no es una vodka rusa: tecnológicamente no se corresponde con lo que producimos aquí, en Rusia. En el folleto tampoco aparece cómo hicieron los americanos para estar presentes hoy día en el mercado ruso y los problemas con que nos enfrentamos quienes hoy intentan producir, de manera legal, bebidas alcohólicas en la Federación Rusa.

Después de la revolución, de los herederos del primer Smirnov, a Occidente fueron a dar dos personas: una, la viuda de Piotr Smirnov, esposa del último dueño, la cual había quedado prácticamente al frente de las fábricas, aunque, como es natural, en 1918, luego de la nacionalización, dejó los asuntos. Tras lo cual se casó con el embajador italiano en Moscú y se fue a Roma, donde vivió felizmente hasta su muerte. La otra persona fue uno de los hijos de Smirnov, que ya en 1906 había sido excluido de la Casa Comercial. Después de la revolución éste emigró a Europa y, con el fin de mejorar su posición financiera, intentó comenzar la producción de vodka. No tuvo mucha suerte, sin embargo; lo intentó primero en Polonia, luego en la recién creada Yugoslavia. Hasta que en Francia, en 1934, a través de un intermediario, un polaco ex súbdito del imperio ruso, vendió por catorce mil dólares a la compañía Grand Metropolitan los derechos de nuestra marca comercial, que, hago hincapié en ello, no le pertenecían. Lógicamente, fue de mucha ayuda el hecho de que para entonces esas marcas comerciales no se usaban en Rusia, y lo que es más, habían sido prohibidas como burguesas y contrarrevolucionarias. Incluso el Comisariado del Pueblo había emitido una resolución especial declarando ilegales marcas tales como Shustov, Kuznetzov, Smirnov y Faberge.

Y desde 1934, después de que se levantó la ley seca en los Estados Unidos, salieron al mercado con esa marca. Debo decir que, desde el punto de vista de la promoción del producto, fue una jugada profesional. Una cosa es el whisky y otra es proponer a un país de bebedores algo bien nuevo, aunque no del todo nuevo, porque desde antes de la revolución nuestra casa exportaba vodka a los Estados Unidos, y a Japón, y a toda Europa.

Y claro, hasta 1991 utilizaron con éxito la marca, invirtieron mucho en publicidad y obtuvieron enormes ganancias. De modo que, si bien seguimos reclamándoles a los americanos, por otra parte reconocemos que, queriéndolo o no, permitieron que se conservara la marca comercial.

Para ellos fue una sorpresa que de pronto, en 1991, apareciera un heredero. En ese año Boris Smirnov, un tataranieto del fundador, confirmó su parentesco. Fue la primera persona en Rusia que retomó su apellido para relanzarlo como un comercio familiar y hasta el día de hoy sigue siendo el único. Es decir, no sólo declaró que lo haría, sino que logró relanzarlo. Pero no fue hasta 1996 que comenzamos a producir vodka a nivel industrial; antes de eso, sacamos lotes de prueba, para publicidad. De esto hace tan solo cuatro años. Aunque pudo muy bien no haber comenzado nunca, porque la firma no ha gozado de ningún apoyo del gobierno, ni créditos, ni apoyo político. Dijeron: qué bien que existe este Smirnov, y qué bueno.

No hay que olvidar la situación monopólica de este sector, su especificidad. Los americanos lo comprendieron muy bien, contactaron con Boris y su primera oferta fue que le compraban su derecho de heredero por dos millones y medio de dólares. Además de que le otorgaban una membresía vitalicia en el Consejo de Directores y un sueldo de ciento cincuenta mil dólares anuales. De modo que reconocieron, tácitamente, que su derecho es real.

Boris se negó, porque seguía interesado en producir vodka por su cuenta. Entonces ellos escogieron otro camino: como tú sabes, Rusia es un poco menos corrupta que Nigeria. Hallaron la manera de llegar a nuestra burocracia y la entidad que está en la obligación de velar por los intereses nacionales, la Oficina de Patentes.

Y lograron que no hayamos podido —y por lo visto, nunca podremos— vender nuestra vodka ni en Occidente ni, mucho menos, en los Estados Unidos. Mientras tanto, ellos lograron registrar su marca en Rusia. Y de este modo, la Oficina de Patentes de Rusia reconoció que en el mercado coexisten dos marcas, prácticamente idénticas. El cálculo de los americanos era que terminarían asfixiándonos: con juicios, sobornos, etcétera. Pero no lo lograron. Aunque estuvieron muy cerca: en 1995, Luzhkov, el alcalde, estuvo a punto de darles este edificio, que había pertenecido a la familia Smirnov desde 1859; estuvo a punto de dárselo a los americanos, a cambio de que financiaran su Templo de Cristo Salvador. Por pura casualidad pudimos llegar hasta Luzhkov y demostrarle que Boris Smirnov tenía más derechos y nos permitieron, entonces, arrendar este edificio. Sólo arrendarlo, porque fue construido a fines del siglo XVIII, antes del incendio; es un monumento arquitectónico. Lermontov visitaba esta casa.

De modo que los americanos hallaron la forma de penetrar el mercado y crearnos múltiples problemas, a la vez que intentan prohibirnos que usemos la marca. Se basan en que supuestamente fueron los primeros. Aunque lo único cierto es que tienen una ventaja temporal: los últimos cincuenta años. Nosotros, por nuestra parte, ponemos en duda la transacción de 1934, la venta de un derecho inexistente. Aunque en realidad estamos dispuestos a llegar a un acuerdo de coexistencia. Si quieren vender en Rusia, que lo hagan, pero también nosotros queremos vender en Occidente. Pero no sólo no quieren vernos en Occidente, sino que ni aquí quieren vernos. Y quiero llamar su atención sobre que algo así sólo fue posible con nuestro cabrón Kremlin, con esos monstruos que tenemos allí, sólo con ellos puede darse una situación así.

Exportamos, sin embargo, en calidades ínfimas. A las repúblicas del Báltico, a Alemania, donde tenemos cierta ventaja sobre los americanos. Es que todavía antes de la perestroika, en 1985, nuestro gobierno llevó a juicio a Grand Metropolitan, y en Colonia se obligó a los americanos a retirar cualquier mención sobre el origen ruso de su vodka. Y se estableció que sólo la vodka de Rusia puede llamarse vodka rusa, es decir, ostentar la denominación de origen. Fabríquenla si quieren, pero no digan que es vodka rusa, digan que la hacen en algún otro país, en Bélgica, como sucede ahora. Pero cuando comenzó esta absurda perestroika, comprendieron rápidamente que en estas aguas turbias podían vivir perfectamente y, en esencia, se negaron a obedecer la disposición judicial.

En Rusia la gente ha recibido nuestra vodka con entusiasmo. Gozamos de la simpatía y el apoyo de los consumidores. Lógicamente, hubo un período en que el consumidor nacional compraba la vodka Smirnov, en la variante americana, porque le resultaba interesante: un producto nuevo, con nombre ruso, que habían conservado... Pero luego hicieron su elección, cuando comprendieron que la calidad y el sabor son muy diferentes: hacemos una vodka en la que el componente clave es el agua, un agua mineral de manantial. Esta agua es filtrada, suavizada y mezclada, por último, con un alcohol de calidad. Los americanos utilizan un alcohol destilado, que quizá sea de muy buena calidad, pero que no se debe mezclar con agua destilada, lo que antes se llamaba «agua viva» y «agua muerta». Por lo que su vodka no tiene ningún sabor, es dura.

6

Si se hubiera tratado del verano anterior, de 1999, escribiría aquí sobre el Templo de Cristo Salvador, que fue el principal motivo de mi viaje a Moscú aquel verano: escribir un reportaje sobre la reconstrucción del templo y el renacer religioso de Rusia. Escribí también un artículo para un portal turístico de Internet sobre Serguiev Posad, «el Vaticano ruso». Pensé incluirlos en este libro, pero no los visito ahora y prefiero no hacerlo sino como visto de lejos, de paso.

De la estación de Yaroslavski, el precioso *nouveau*, se viaja en un tren de cercanías hasta Serguiev Posad:

Si le ocurre un domingo de buen sol despertar en Moscú (llevado hasta allí por las alas de un ángel o por las de un avión), quizá lo mejor que pueda hacer es viajar a conocer Serguiev Posad, una pequeña ciudad a sesenta y cinco kilómetros al noroeste de la capital rusa. Cuando se tiene el monasterio a la vista, uno cree estar ante una ciudad de sueños, retrepada en una colina. Por sobre sus elevados muros sobresalen racimos de cúpulas y campanarios apiñados por esa estética medieval, orgánica, no lineal, de encantador desorden. Es, quizá, la más pura concentración de arquitectura rusa en un ambiente no citadino que se pueda admirar en el país. En Moscú, por ejemplo, las iglesias que uno encuentra están sumergidas en el moderno tejido urbano. Aquí, en contraste, el paisaje es natural. También lo son los peregrinos, algunos de los cuales parecen llegados desde muy lejos, de lo más profundo del continente: los nuevos *skitalsi* o peregrinos errantes, las *bogomolki* (beatas) con sus pañuelos negros muy bajo sobre la frente. Y el viajero solitario (es raro el turista) que avanza junto a ellos hacia las enormes paredes, hacia la puerta, su asombro creciendo a cada paso. Hoy –me llegan los retazos de sus conversaciones– se celebrará una misa solemne al aire libre con la que culminarán las celebraciones anuales en honor a san Sergio. Y todos han viajado hasta aquí, a rendirle tributo al santo, porque a pesar de los cambios, de las revoluciones, de los experimentos sociales, un país no cambia sustancialmente, su organismo permanece inalterable. Vuelve a su cauce con la tenacidad de un río. Retiradas las trabas, los diques, toda Rusia ha vuelto a fluir hacia sus templos.

Y sobre el Templo del Cristo Salvador, que sí veo a diario (sus cúpulas doradas desplazándose por sobre los edificios) y que por lo mismo es una presencia de este verano del 2000 (aunque no lo visito), escribí esto: que había sido terminado de construir en 1912, para conmemorar el centenario de la victoria rusa contra Napoleón, que su construcción había requerido «cuarenta millones de ladrillos, cuatrocientos kilogramos de oro para el dorado de las cúpulas, mármol de siete coloraciones distintas traídos desde lugares tan distantes como las canteras de Carrara y la vida de cuatro emperadores».

Describí su imponente fábrica: un cubo cuyas caras se alzan a ochenta metros, «del suelo a la cruz». Mencioné cómo había sido vuelto a levantar en tan sólo dos años, en lugar de los cincuenta y tres que había necesitado el anterior. Un bello edificio, en el mismo centro de Moscú, casi frente al Kremlin. Que Stalin hizo dinamitar, volar por los aires, en 1931. De manera que ver ahora la iglesia reconstruida, «tiene el efecto mágico de una aparición súbita, milagrosa, como si cuadros en secuencia inversa, también en un filme, nos la mostraran levantarse de las ruinas, armarse cascote a cascote, resurgir intacta del fondo del agua como en la leyenda rusa del Grad Kitezh, la ciudad sumergida».

El emplazamiento del templo debía ser utilizado para levantar el mayor rascacielos del mundo, que sería coronado, en 1935, año supuesto de su terminación, por una estatua de Lenin de cien metros. Nunca fue terminado. Primero la guerra (lo poco construido, aparte de los profundísimos cimientos del rascacielos, fue desmontado para levantar barreras antitanques en 1941 contra los tanques de Guderian). Y negreó, durante años, el inmenso foso de los cimientos que en 1960, gracias a una feliz idea de Nikita Jruschov, fue reconvertido en piscina pública, «la mayor a cielo abierto de Europa». Y escribí, en 1999: «El agua de la piscina se calentaba a 28 °C y el vapor formaba una nube que permitía bañarse en ella hasta en lo más frío del invierno. Por las noches la nube iluminada era visible desde los edificios más altos de la ciudad».

La piscina en el lugar donde había estado el templo funcionó durante años, y tal vez deba mencionar ahora algo que no entró en el reportaje: solían ahogarse muchos moscovitas en ella, en una proporción mayor que en cualquier otra piscina (¡una maldición!, me aseveraron). Un complejo deportivo en lo que había sido un templo es algo muy comunista (aunque también destiladoras de vodka, corrales para ganado, por toda Rusia). El de Cristo Salvador, sin embargo, estaba en pleno centro de Moscú, era (y lo ha vuelto a ser ahora) el mayor de Rusia, su catedral; un templo que por su riqueza, el fasto de sus mosaicos, de su iconostasio, no tenía igual en todo el país. Y lo pasmoso, daba fe en mi reportaje, era que hubieran elaborado una copia tan fiel del original (en tan corto plazo), para lo que habían tenido que formar, desde cero, escuelas de pintores de iconos, de orfebres para los vasos sagrados, fundiciones de campanas (que no se fundían desde hacía más de cien años).

7

Y como había días que salía sin rumbo fijo, que bajaba al metro sin saber todavía qué haría, postergando la visita al Museo Bulgakov, a la Armería del Kremlin, podía ser atraído, succionado hacia una de las bocas del metro en la periferia de la ciudad, a kilómetros del centro, por la noticia que leo ahora mismo mientras bajo a la estación. Había oído hablar de ello, lo había leído en algún lugar, que habían construido una mezquita, una sinagoga y un templo ortodoxo, todos juntos, en un mismo emplazamiento. Y ahora, ayer mismo, un templo budista:

> El 15 de julio en el barrio de Otradnoye, en el territorio del Complejo Espiritual Educativo de las Religiones Tradicionales de Rusia, donde por la iniciativa del académico Riashit Bayaxitov y con el apoyo del prefecto Irina Yakolevna ya han sido construidos y abiertos dos mezquitas, un templo y una capilla ortodoxa, un salón de actos para doscientas cincuenta personas, el centro nacional tártaro social cultural, se colocó la primera piedra para la construcción del primer templo budista en Moscú. La construcción de este templo permitirá representar en el complejo a todas las reli-

giones mundiales, y los moscovitas, y los representantes de otros países, que profesan el budismo, tendrán la largamente esperada oportunidad de satisfacer sus necesidades religiosas y profundizar en el estudio de la herencia cultural budista.

(No sabía que sería tomado por un espía, perseguido por un guardia de seguridad, interrogado como un espía.)

No lo sabía y por eso actué de la misma manera que en tantos otros lugares, la Galería Tetriakov incluida. Franqueé una alta verja con el dictáfono en la mano, susurrando en él la fecha en la entrada, tomando nota de los lujosos autos (aquí también) frente a la mezquita y junto a ella, en una tiendita semivacía, el título de los libros que vendían, las escasas mercancías. Un lugar francamente desangelado, una vitrina que no parecía en Moscú sino en el Cáucaso, de tan pobre. Mi aspecto, el dictáfono en la mano despiertan las sospechas de un hombre que me interpela antes de que haya terminado la inspección de la tienda: No puede usted, me dice, grabar nada aquí, o bien: ¿Qué hace grabando aquí? Casi gritando, sus palabras rompiendo el cerco de una dentadura de falso oro, de pie, él, sobre unas pantuflas de fieltro a cuadros, horrorosas. Horroroso todo él. Como un borracho o un vagabundo que descubres en un ramal en desuso y te grita porque has invadido su territorio, un pedazo que tiene reservado junto a la caseta del guardagujas, en el piso, para pasar la noche. Miles en todo Moscú, de esos vagabundos. Y me disgusta enormemente oírle y me desentiendo de él moviendo la mano desde la muñeca, hacia arriba, elevando los dedos juntos: déjeme usted en paz, váyase. Un error. Salí de allí sin saber que el hombre me haría seguir. Hasta que me dan captura (puedo decirlo así) y soy sometido a una suerte de interrogatorio o a un interrogatorio real.

Me sentí relajado como un prisionero por fin en su celda, cuando la persecución ha finalizado y puede lidiar con el peligro real de las trampas del instructor. Mientras hablábamos en su gabinete, no dejé de pensar que en cualquier momento interrumpiría la plática con un manotazo en la mesa, se pondría de pie, daría un paso hacia atrás (dos pasos) y adelantaría el brazo, señalándome, innecesariamente, al tiempo que los agentes uniformados se abalanzarían sobre mí. Lo esperaba sin dejar de tomar notas, siguiendo su plática, como se sigue viviendo aunque se esté enfermo, sin tiempo a detenerse. Me había subido, más inteligente que los otros, a su gabinete para reducir mis posibilidades de fuga (aunque abajo, la distancia hasta la verja, lo apartado del lugar, las diez cuadras hasta la estación del metro dificultaban mi huida). Como prisionero en un territorio remoto, en una montaña del Cáucaso (e imaginé la suerte de los periodistas, de los hombres de negocios que secuestran en el sur de Rusia). Y también como en una película mala, lo recordé ahora, cuando pensaba que me había logrado sacar de arriba al hombre de los dientes de falso oro y pantuflas, me había acercado a él para preguntarle, con absoluta inocencia y atraído por su aire de respetabilidad, cómo llegar a la sinagoga. Me lo mostró, el camino, sin mirarme inquisitivamente, con absoluta cortesía, porque en ese momento no sabía del incidente ocurrido en la mezquita, con su lugarteniente o secuaz, y sólo cuando ya había avanzado yo un tramo, inspeccionado la puerta cerrada del templo ortodoxo, donde como un cristiano entre los sarracenos pensaba pedir asilo, llegó a él su secuaz seguido de un hombre joven, un gordo con botas de caña alta, pantalones de camuflaje y camiseta negra (un atuendo terrible para una tarde en Moscú, con tantos niños jugando frente a sus casas, las abuelitas preparando la cena), y ordenó a aquel guardia de seguridad, un imbécil, darme alcance y traerme de vuelta a ser interrogado.

Lo vi cuando hube rebasado el fundamento del templo budista, la primera piedra. Lo vi avanzar a paso rápido y tuve la sospecha de que me perseguía. Cuando ya estuvo tan cerca que podía alcanzarme con su voz, me gritó: ¡Detente! Y asimilando yo la orden como una instrucción contraria, apreté el paso (no corrí, no diré que corrí) para llegar a las puertas de la sinagoga. Construcción no menos horrenda, un como cubo gris con puertas de cristal, donde tampoco me dieron asilo. No me permitieron entrar, unos guardias, también vestidos de camuflaje, unos custodios privados. No te me vayas a escapar, me gritó el primero, y me agarró por el codo, porque, en efecto, había yo lanzado una mirada desesperada a un auto que en ese momento tomaba una curva al fondo del parque temático y doblaba y se perdía entre los edificios. Le grité lo de rigor en esos casos, ¿saben ustedes?: «Extranjero, mi embajada, etcétera». También tomado de un filme de cuarta. En lo alto de la escalera, los dos custodios estudiaban la escena sin ánimos de inmiscuirse. Lo cierto es que podía ser yo un comerciante extranjero o bien un diplomático. No bajaron a golpearme alegremente como lo hubieran hecho de ser un nacional. «Llama a la policía», le aconsejó uno de los custodios al gordo. No, debía llevarme ante su superior, al que le daría cuenta de por qué había estado contando las ventanas. (Otra vez, ahora que lo pienso, el mismo motivo absurdo de las ventanas.) ¿Ventanas? ¿Cuáles ventanas?, repetí estupefacto primero y acto seguido aliviado, porque era ¡tan claro! ¡Un malentendido! No había contado ningunas ventanas. Fácilmente, me dije, aclararía aquello, pero mientras deshacíamos el camino comprendí lo difícil que sería sacarles de su error. Había dictado a la grabadora el título de los libros (*El Islam para niños*), las pobres mercancías que tenían expuestas, el aspecto desangelado del lugar, ¡pero lo había dictado en español! ¿Cómo lograría sacarlos de su error? Imaginé, además, que terminarían quemando todas mis cintas, mis libretas de notas. (Y después, cuando estuve arriba en la oficina del director y graciosamente me regaló unas fotos del lugar donde se veían perfectamente las ventanas, que podían ser contadas sin dificultad, estuve a punto de decirle: «Pero si aquí las hubiera podido contar». Alguien que hubiera querido conocer el número de ventanas, ¿habría tenido que entrar, exponerse?) Pero de ese tipo, absurdas e inverosímiles, son las acusaciones que en una guerra te llevan frente a un pelotón de fusilamiento (ni que Dios lo quiera), contando por última vez las ventanas de los multifamiliares, desde el patio de la mezquita, antes de escuchar la descarga. «No conté ningunas ventanas, déjeme explicarle. Es absurdo, ¿cuáles ventanas? Soy periodista» (mentí). El hombre, bien peinado, de camisa blanca y zapatos limpios, me escuchó con una mueca de absoluta desconfianza y desprecio por un espía, un informante abyecto que el enemigo había enviado a contar sus ventanas. Desconfiando incluso, estoy seguro, de mi fingido acento, porque en una situación así, de absoluto nerviosismo y frío en los dedos, se me entorpece la lengua en español, titubeo, y en ruso se me entorpece la lengua, titubeo y se acentúa (involuntariamente) mi acento. Le expliqué ahora así, en esas condiciones, todavía sin maniatar, lo que le habría explicado en condiciones más amables, la idea (¡absurda!) de venir a Moscú a escribir un libro del año 2000 (año de mi ajusticiamiento, por error, a manos de una milicia islámica), todo lo que el lector conoce. Cortó mi exposición: «¿Y las ventanas? ¿Con qué objetivo contabas las ventanas?». «¡¿Cuáles ventanas?! ¡¿Cuáles?!» Nada de ventanas, un infundio, una acusación infundada. ¿De dónde habían salido esas ventanas? Se adelantó entonces el hombre de los dientes de falso oro. Me acusó señalándome con su sucio índice: «Tú –dijo– estabas contando ventanas». «Sí –confirmó el hombre de la camisa blanca, el de aspecto (falsamente) respetable–, lo sabemos, que estabas contando las ventanas. Llama a la policía», ordenó al gordo. «No, a la policía no» (porque no me había registrado, ya lo dije, y no quería otra vez lo de la multa, agravado ahora por las ventanas. Lo que hubiera representado unos cien dólares de soborno, por ver la primera piedra del primer templo budista, del Disney religioso). Volví a levantarme del polvo, rehíce el discurso con infinita paciencia (¡con paciencia oriental!), negué los cargos de las ventanas, me aferré al Año Cero, le hablé otra vez del libro. «Soy periodista» (volví a mentir). Y sin saberlo, cuando el hombre de la camisa blanca ya me había dejado en manos de la jauría, pisé otra mina oculta: «¿Periodista?». «Sí, bueno, escritor» (algo que nunca digo). «¿Tendrás entonces —inquirió con una sonrisa— un carnet de escritor?» «¿Un carnet de escritor? No, no tengo.» «¿Cómo afirmas, entonces, que lo eres?» (En pleno siglo XX, bueno, a fines, en Europa, ese tipo de preguntas.) No podía seguir hablando con ese hombre... Yo, en efecto, no tenía un carnet de escritor, pero ¿acaso León Tolstoi o Fiodor Dostoievski tenían uno? No le dije eso, incluso evité mirarlo, porque no había nada, ningún gesto que leer en su rostro, solo obtusidad y maldad. Entonces quiso la suerte que volviera a aparecer el hombre de la camisa blanca. Le volví a explicar, y quizá ya había entendido que mi misión, de tener yo alguna, no podía ser la de contar ventanas. Quiso averiguarlo y me pidió que subiéramos a su oficina. Comprendió por fin en ella el error de «sus hombres». Se disculpó, amablemente, ante mí. Me reprendió: «Cometió usted un error. No somos queridos aquí. Hay una guerra en el sur, en el Cáucaso, ¿comprende?».

Como dos personas civilizadas, como un general de academia que agasaja en su tienda a un general prisionero. Creyó necesario darme una pequeña conferencia en tono periodístico sobre «los objetivos de tolerancia religiosa y concordia» del «Complejo Religioso Cultural», único en el mundo, una suerte de Jerusalén en pleno

Moscú. Todo insignificante ante la muestra de intolerancia, suspicacia y falta de concordia religiosa de la que había sido testigo (o víctima). Esperé todo el tiempo a que se abriera la puerta y entraran los policías a interrumpir su discurso, a sacarme de allí a rastras, y cuando hubo terminado me dije: un hombre inteligente y quizá bueno. Bajé las escaleras, pasé junto al gordo, salí al jardín y casi me para en seco esta visión: frente a la verja, bloqueándola casi, se había estacionado un jeep de la policía. Me obligué a seguir caminando, dispuesto a lidiar con los policías ahora, a sobornarlos, a ser llevado a la estación, a pasar quizá una noche en la estación sencillamente por no haber cumplido el absurdo requisito del registro. Y no odié al hombre de blanco, me maravilló su astucia y perfidia (orientales), la absoluta calma y sangre fría con que me había preparado aquella trampa. Me había escuchado, fingido creerme, había, a su vez, fingido proporcionarme (o me los había proporcionado en realidad) datos sobre la fundación del Complejo (1996), sus objetivos, pero había preferido no arriesgarse y entregarme a la policía. Como si me hubiera dado cobijo, alimentado, tomado té conmigo y fumado un cigarrillo, y luego hubiera lanzado tras de mí a sus jenízaros, a caballo. Lo atribuí, ya después de rebasar el jeep, a su negra alma no cristiana. Él había actuado sensatamente, yo era el ingenuo que le había creído. Pasé de largo sin que saltaran los policías del jeep, cerrando con violencia las portezuelas. Todavía pensé, a más de cien metros, que no habrían querido detenerme frente a la mezquita para no armar revuelo. Pero un auto se detuvo (no, no podía estar en combinación con la policía ni con los de la mezquita, un ruso) y le pedí que me llevara al metro. Regresé al metro, descendí al metro, respiré hondo, como un pez que nunca debió haberlo abandonado, confundiéndome en las aguas del río humano.

DÓLARES EN UN SOBRE

Todo comenzó cuando en septiembre del año pasado a la dirección principal de la lucha contra el crimen económico llegó un sobre bastante voluminoso de cierta chechena. Al abrirlo, los detectives no querían dar crédito a lo que veían sus ojos: el sobre estaba lleno de billetes de cien dólares. La suma total ascendía a cuatro mil cien dólares. Los billetes resultaron ser de muy alta calidad. Junto con los dólares falsos venía una carta. En ella la remitente (cuya familia la instrucción mantiene en secreto) explicaba que estos dólares se los había entregado cierto especulador de divisas, al que ella le había entregado todos sus ahorros. El cambio había ocurrido en el territorio de Chechenia. La mujer informaba además que ella y sus parientes ya habían investigado por su cuenta y suponían que la producción de los billetes falsos estaba a cargo de cierto Majmud Abumusulaev...

Y además, esto otro:

Cada día en Moscú: Mueren de 30 a 60 personas.
                    Son robados 60 autos.
                    Se cometen como promedio 5 asesinatos, 10 suicidios, 30 asaltos y 100 robos.
                    Ocurren 20 accidentes graves y 250 leves.

8

Paso docena de veces por frente al Teatro de Arte (Stanlavski y Chejov, *La gaviota* y *Tres hermanas*). Me acerco un día al póster que anuncia a Inna Shurikova, una excelente actriz que debería ver, pero no logro hallar una tarde en que prefiera pasar dos horas en una sala semivacía porque la temporada teatral está muerta, sólo se reanima en otoño. Apunto la fecha de la última función (quedan pocas), sigo de largo, siempre llevado a otras cosas que surgen de pronto, en una ciudad en la que no había estado en un año y en un país en el que ya no vivo, y de todos modos, a los quince días, en lugar de permanecer sentado en el malecón del río, observando revolotear las gaviotas, me surgen citas, personas que ver, sin tiempo para el teatro, y sólo llevo aquí ¡veinte días! Basta con romper la delgada película que te separa de una ciudad extranjera, agarrar algo, aunque sea con un agarre inseguro, para que comiences a girar vertiginosamente, la ciudad imprimiéndote su velocidad, saliendo despedido a citas, a asuntos que resolver, tú, que no tenías ninguno aquí no hace ni dos semanas. Una ciudad al día, en la que podrías vivir (y he vivido, antes) a gusto, pistoneando a toda máquina. Siempre con más lugares adonde ir de los que podrías cubrir físicamente. La ventaja para los moscovitas de vivir en una gran ciudad, con varias revistas llenas hasta el tope de ofertas para el tiempo libre (el *Oso*, por ejemplo). Y nunca alcanzas, como yo mismo en mi ciudad, ir a todas, verlas todas. Pospones la salida al Teatro de Arte, desatiendes el Festival de Cine, no vas al último concierto de la temporada en el Bolshoi, con Riccardo Mutti en la Novena de Beethoven (un concierto conjunto de La Scala y el Bolshoi, en el marco del Festival Ravena; boletos solo disponibles en la caja del teatro). Nada de eso. Tienes ahora unos amigos que ver. Los más de ochenta cines, los sesenta teatros y salas de conciertos, las más de doscientas galerías, todos a la vez, encendiéndose y apagándose, abriéndose y cerrándose, el champán, los canapés, las gráciles musas de los artistas: todo igual de atractivo e igualmente desatendido, frente a los cuales paso sin detenerme.

Atravieso la tarde, desemboco en una calle, las mesitas bajo las sombrillas que debe ser el café donde me esperan. Un café nada elegante, sin muchas personas, «pero esta calle es tranquila, sirven buenos cangrejos aquí». Lejos del bullicio, también un Moscú dentro de Moscú, para los conocedores, lejos del circuito (también aquí, como en todos lados, esa pretensión).

Hay una tercera persona que no conozco y no esperaba ver. El tipo de agradable inclusión que amplía el círculo de tus nuevas amistades, de los amigos que vas haciendo rápidamente, en quince días. También se llama Liosha y tiene un pelado como el mío, casi al rape, con las patillas más largas que hace diez años (que hace diez años hubieran sido vistas como de pésimo gusto; pero hoy no: se han difundido por toda Europa, América del Norte, Asia tal vez, Hong Kong, pongamos) y fácilmente, por eso mismo, incluible. Los mismos filmes, los mismos libros (casi). Liosha y Ania, los amigos a quienes les quedan unos pocos días en la ciudad, antes de que se vayan, todo agosto, a una casa (una *isba*) en el campo. No una dacha, ¡por Dios! Una *isba*, en una aldea en el norte, adonde me invitan con la facilidad que se invita a desconocidos porque te has peleado con (casi) todos tus amigos, no los quieres ver. Han murmurado de ti (lo has sabido, te lo han dicho).

Aunque les queda, por lo visto, Liosha, el de las patillas como las mías, y otros muchos más que ayer mismo han tenido una fiesta (¿una reunión?). Una fiesta pesada. Ese tipo de emociones. Y cuando dejamos el café y salimos caminando, Ania me susurra: ¡Un horror! ¿Un horror? Y me concentro en lo que he ido oyendo a medias: Un horror, casi se muere, Liosha. Estaba muerto, ¿sabes? Creo que habla de Liosha, su novio, pero no, habla de Liosha el muchacho que no esperaba ver, el de las patillas. Bueno, muchacho es un decir, tiene cuarenta años. Como el sol tarda en ponerse en verano distingo perfectamente la fina red de arrugas que rodea sus ojos. Me explico ahora el aire como azorado que tiene. Todo el tiempo. Es que está viendo la vida con nuevos ojos. Viviendo una prórroga, por decirlo así, alegre por una prórroga inesperada. Paladeándola: el sol tardío, sus amigos que se llevan jarras de cerveza a los labios (él no, hoy no toma), francamente asustado por el frío del piso ayer en su espalda. Una sobredosis, caigo en la cuenta. Jóvenes, ¿saben ustedes?, como en cualquier otra parte (del mundo). Sin mucho que hacer. Sin un trabajo real. Pueden ir tirando. Ni Liosha, ni Ania, ni Liosha el de las patillas trabajan. O, digamos, tienen un trabajo pero nada importante: a veces van, a veces no. Sacan una pastita. Pueden reunirse con eso, comprar cosas, bebida. No recuerdo ahora qué lo puso en coma, «a un paso de la muerte». Loisha I, que es quien lo salvó, repite: «Estaba muerto, ¿sabes? Frío, en mis brazos. Lo saqué no sé cómo». Y en ese momento me viro hacia Liosha II, el de las patillas, detrás de nosotros, y lo veo asentir, pestañeando, oyendo, medio divertido ahora, la historia de su propia muerte (y milagrosa resurrección).

Como no he llevado todo el tiempo el pulso de la conversación y no sé qué han decidido, me asombra verlos entrar de pronto a un patio, y en ese patio, tras un edificio de dos pisos, una casa del siglo pasado, una pequeña iglesia toda encalada, preciosamente encalada, muy pequeña, con esa risueña (y enternecedora) pequeñez que tienen las iglesias viejas. Detrás de los edificios, saliéndose del borde, ya les dije. Insospechable en este patio, porque un poco más allá se alzan multifamiliares enormes.

Unos hombres simples, unos *mujiks*, cavan en la tierra bajo las órdenes de un sacerdote que apelmaza o atusa (apelmaza primero y luego atusa) una barba blanca que se abre en abanico en cuanto la suelta para volverla a asir al momento. Con Liosha el joven los observamos cavar en silencio y esperamos allí en el patio a que Ania y Liosha, el salvado, salgan. Sé qué han ido a hacer: a encender un cirio por la salvación de Liosha. Lo sé porque antes, a veces, iba a encender un cirio con Liena por cosas más insignificantes (aunque no creas), como un aprobado en matemáticas, de eso hace diez años.

¿No es una muestra de absoluta inteligencia esta de Liosha de encender un cirio por su salvación? Tan simpático. Podríamos ser amigos. Lógicamente, no lo vuelvo a ver. (No hablo del renacimiento religioso de toda la sociedad rusa, no hablo ahora de eso.)

Ni tampoco diré una manera o un modo bestial de tomar, escandalizado. Diré un modo agradable de tomar: cervezas en botellas de medio litro, el sol dándote en la cara, el pabellón encristalado de la tienda a tus espaldas, bajando los escalones de concreto, estudiando la calle, si coger hacia arriba o hacia abajo, observando pasar por frente a ti a decenas de personas todas con sus botellas de medio litro en la mano. Mujeres y hombres, vestidos de salir, por ejemplo, elegantes, con bonitas blusas veraniegas y zapatos de tacón alto y tiras plásticas, transparentes (el último grito), y carteras delgadas y finas, laqueadas, y hombres con camisas blancas y corbatas y un portafolios en la mano (quizá realmente portando algún folio) y en la otra su botella ámbar de medio litro. Avanzando a pocos pasos de un grupo así o bien yendo dentro de un grupo así (como la tarde en que paseo con Liosha y Ania), adquieres, en pocos días, una capacidad increíble de asimilar cerveza. Digamos que tomar así no es tomar en serio: nadie va tomando vodka, ninguna de esas mujeres, sus bellos tobillos centelleando frente a ti, va tomando fuerte. No son, es más, personas bebedoras. Sencillamente hace calor y están de paseo. Cuando la cerveza se calienta en la mano o bien se ha acabado, se recala en otra pequeña tienda o quiosco, se compra otra y se sigue. Nadie hace provisión de botellas, no tiene sentido. Compras medio litro, por ejemplo, en un café, esta vez en un vaso de plástico, bajas por la ladera del Moscova y te la terminas de tomar en la orilla, y cuando abordas el vaporcito fluvial con la intención de continuar el paseo ves a alguien subir de la cafetería del vaporcito con unas cervezas, bajas tú mismo y te compras otra para ti y para tus acompañantes. Y cuando bajamos en un parque, paseas por él, compras otra (otra marca, hay más de ¿cincuenta?). «Otra marca, ¿no importa? No había de la otra...» Y sigues tomando así hasta las once, doce de la noche (¿una de la mañana?), que llegas a casa con el último metro y a la salida, en un quiosco o pequeña tienda, te compras tres o cinco botellas de medio litro porque todavía es temprano y puedes contar con que William te acompañe. Así, «sin secarse», como dicen en Rusia, días enteros, todo el verano, toda la ciudad.

Julio del 2000

CUARTA SEMANA

1

Me basta ver una foto de Nikita Mijalkov con una bufanda al cuello, el 20 de julio, para saber que nada haré por acercarme al Festival de Cine (de Moscú). El edificio mismo del festival, la sede, es un ejemplo claro de la misma superposición de funciones que encuentro por toda la ciudad. Un viejo cine soviético, el Rossia. Que han aprovechado al máximo, su demasiado espacio: en sus bajos funciona un casino. El trolebús tiene una parada casi al frente y he estudiado desde mi asiento las columnas recubiertas de plástico, las luces de neón dentro del plástico. Los pétalos y guirlandas del casino tan desnudos a la luz del día. Por las noches hay Mercedes aparcados en la calle, las letras parpadeando sobre la pintura metálica. Un parking que cuidan unos hombrecitos con los cabellos grasientos, jóvenes con las caras también grasientas, con un medallón en la chaqueta. Algo como un permiso de la alcaldía para usar este pedazo de calle y sacar dinero a los clientes del casino (al cine ya casi no van). Mijalkov puede fingir que nada sabe sobre el casino debajo de él cuando abre el baile inaugural del festival. De frac, en lo alto de la escalera.

(Quizá también se haya buscado un bisabuelo noble y valsea en el Baile Anual de Otoño que anuncia el boletín de la Asamblea. Una farsa.)

Leo esto, en contraste, y me agrada. Una historia de éxito, aunque se trata de un filme de reputación más que dudosa (¿qué importa?). Un director, Tinto Brasso, cuenta a un periódico ruso cómo encontró a la joven Yulia Marshuk, de Ucrania, para el papel principal de su último filme *Rompiendo las restricciones*:

> La encontré en Nápoles, en una pizzería en la que trabajaba de camarera. Tenía puesta una minifalda, o para ser más exacto, una microfalda. Al servir la mesa vecina, se inclinó y alcancé a ver un espectacular panorama. En ese momento sentí un rapto de inspiración. Le ofrecí a Yulia trabajar en mi próximo filme, y ella accedió. Para serle franco, quedé más que satisfecho con mi elección: su actuación no me decepcionó.

(No voy al cine. Hubiera podido ver ésta, de Tinto, porque casi seguro el director incluyó esta escena, que cuenta sin parar: la leo en varios periódicos. Me habría interesado, seguro estoy. Como no veo ninguna película, de los cines de Moscú sólo tengo el comentario que me hizo alguien de México, asombrado: «¡No comen palomitas [en el cine]! ¡No comen nada! ¿Asombroso, no?». Jamás hubiera reparado en ello, porque durante años yo también fui a los cines de la avenida Nevski, en San Petersburgo, sin palomitas, y a veces aquí mismo, en Moscú, también sin palomitas. Tenían entreactos en el cine, eso sí lo recuerdo. Se acababa la «primera serie» (quizá los dos primeros rollos, no sé), encendían las luces como en un teatro y uno podía salir a tomar un cóctel lácteo (casi siempre malísimo) o un café (lo mismo). Como no voy al cine ahora, no sé si mantienen esta práctica de pasar las películas en «dos series» (así se anunciaban y valían más). Ahora la mayoría de los cines, como el Rossia, se han convertido en casinos, en salones de ventas de muebles, o consignatarias de autos. Eso sí pude verlo. En los barrios dormitorio los pabellones encristalados de los cines, casi idénticos por toda la ciudad, han sido reconvertidos en salones de venta. Y si usted quiere ver cine, puede quizá, en alguno, hacerlo, pero pasando por entre esos salones que no dejan de funcionar mientras proyectan la película. En otros, como en el Habana, funciona una disco por las noches (lo sé porque estuve a punto de ir, pero luego no fui).)

En el Kafe-tun (es la grafía correcta) han establecido el prudente método de exigir el dinero (el importe) con la llegada del café humeante. Las muchachas, todas con vestidos color lila con un curioso rasgón abajo, esperan sonrientes con la bandeja en alto a que bajes la mano al bolsillo y extraigas el monedero. Así las han instruido, aclaran. Debe haber habido un momento, en los lejanos veinte, cuando no se estilaba eso, o quizá en los setenta, pienso, no sospechaban que por mucho lino que vistiera uno, por muchos zapatones Ferragamo que llevaran las mujeres, pudieran levantarse y tomar las de Villadiego tras haberse tomado el café. Dos tomadas. Una, una tomadura.

2

Hablo ahora de la ciudad invisible. De la que desaparece en las dachas en verano. A medida que se acercaba agosto aumentaban los signos de fuga. Debí viajar a ochenta kilómetros de Moscú para entrevistarme con Sigurd Schmidt, un miembro de número de la Academia de Ciencias, su historiador más importante. La persona que más conoce del pasado moscovita por sus libros y por sí mismo, por los ochenta años que vive en la ciudad.

A la salida de Moscú, un miliciano de capa y gorra controla el tráfico desde una caseta de plexiglás. Una verja afiligranada divide el camino sobre un separador ajardinado. He abierto la ventanilla y hago el viaje de pie, el aire húmedo y frío de la lluvia dándome en el rostro. He sentido que falta el oxígeno y pienso en los emigrantes chinos atrapados en un camión en Inglaterra. Un pico, pienso, los hubiera salvado.

Los *nuvorichi* han ocupado el mismo territorio que el *bomond* soviético (científicos y miembros del Buró Político): la zona de dachas de la carretera a Uspenk. Pasamos por frente a una iglesia de madera. Un precioso trabajo de carpintería, sus cúpulas de escamas en madera sin pintar. Por frente a casas apiñadas, porque extrañamente, tratándose de un barrio rico, no dejan ningún espacio entre una y otra. Son pesadas, como de cuello ancho, como los hombres vestidos de traje con aspecto de leñadores o carniceros junto a los Mercedes. Una visión molesta, siempre. Un restaurante enorme, también, Vip 21, para que dejen su dinero aquí mismo y luego, una sorpresa, un recuento con el «imperio Novikov», el Cacería Real. El autobús hace una parada frente a él y alcanzo a ver la estatuilla de un soldado con alabarda en la entrada.

Sólo algún conocedor a fondo de la Unión Soviética podría hablarles sobre lo rancia que fue en ella la aristocracia del saber. Al punto que si fueran a elegir a un nuevo zar, no lo escogerían, de cierto, entre los nobles de la Asamblea, sino entre los miembros numerarios de la Academia. La capa social que, jerárquicamente hablando, ocupó el lugar de la nobleza. (Absolutamente cierto, absolutamente exacto. Bien dicho.)

    Sigurd Ottovich ha escrito tantos libros y artículos que el índice bibliográfico que los contiene es un tomito donde a veces tarda en hallar una referencia, los datos de un artículo. Quizá ha escrito tanto como su padre, un icono de la época estalinista, el *también* académico Otto Schmidt, un sabio. No menos que eso.

3

Tiene esa forma fácil y rápida de tomarte por el codo de las personas que saben que siempre les ceden el paso (al pasar una puerta) y, cansados de eso, se detienen y te toman firmemente por el codo, y te hacen pasar. Me da de comer unos melocotones, que ha comprado con las gentes de por aquí, y unos pepinillos en salmuera y pan negro. Todo puesto sobre un plástico en una mesita.

Creo que soy de las pocas personas en Moscú que ha vivido en una misma casa toda su vida. Tengo un artículo sobre el edificio donde nací, en el Arbat: «Moscú no es una ciudad común», se llama. Arbat siempre fue un barrio de casas particulares. No había ni fábricas, ni instituciones, sólo escuelas, sanatorios, pequeños templos. Las tiendas aparecieron en vísperas de la revolución, antes sólo había tenderetes.

Mis padres no eran de Moscú, llegaron después del 17. Y de los adultos que me rodeaban cuando niño, muchos no eran moscovitas, era un ambiente muy internacional. Había gentes de todas partes. En la escuela nos educaban en una cultura de raíces moscovitas, pero a su vez internacional. Era una ciudad muy hospitalaria, siempre se agasajaba a los visitantes; a mi padre iban a verlo alumnos, jóvenes, que jamás rechazaban una invitación a comer, siempre con hambre.

Pero años más tarde, sólo los hijos de los amigos podían venir sin avisar, a los ajenos no se los invitaba, porque comenzó el período de terror, se reunían sólo personas muy allegadas. Comenzaron a beber más. Es algo que vi con mis propios ojos, muy claramente, cómo las personas comenzaron a temerse entre sí, empezaron a llegar, además, muchas gentes de afuera.

En ese mismo artículo lamento que en Moscú vivan demasiadas personas a las que les interesa la capital, pero no Moscú misma. En San Petersburgo, en cambio, tienen más desarrollado el espíritu petersburgués, están orgullosos de haber nacido allí. Antes no era así aquí, yo alcancé un poco de esto, pero en los años del gran terror precisamente fueron eliminadas las que conservaban esas tradiciones.

Pocas personas recuerdan —he escrito un libro sobre ello— que el año más cruel, el 29, el año del Gran Viraje, no comenzó con la liquidación de los *kulaks*, de los campesinos que se habían hecho ricos con su trabajo, con la eliminación de los servidores de culto, de la vieja intelectualidad, sino con un pequeño detalle que nadie recuerda: la liquidación de los historiadores regionales, de las sociedades de etnografía regional. Los museos y colecciones fueron cerrados porque estas personas, por la manera como se relacionaban con el pasado, por su deseo de inculcar ciertas tradiciones patrias a los niños, creaban en torno de sí una atmósfera de unidad, de respeto. En su mayoría habían nacido en el XIX, habían tenido una actuación relevante antes de la revolución, no eran de origen proletario y estaban conscientes de que sin un sentimiento de amor y deber a su país y también a su pequeña patria, al lugar donde naciste, no puede hablarse de la conservación de la cultura, un país no existe. Con su eliminación todo comenzó.

Pero los acontecimientos que siguieron fueron tan sangrientos que nadie se acordó de esto, fue olvidado. Lo menciono en mi libro. Felizmente es algo que vuelve a aparecer. Porque como científico, como una persona ya mayor, me considero en la obligación de formar a nuevos historiadores regionales, de inculcar en las personas un interés hacia las tradiciones familiares, los recuerdos de familia. Es algo que vuelve por todo el país. En Moscú se siente con mayor fuerza porque es la capital. Es un síntoma. Me han venido a ver de la Alcaldía y el Departamento de Educación. Todos los días tengo confirmación de esto. Sería demasiado optimista esperar grandes cambios en poco tiempo, pero los síntomas están ahí.

Los historiadores que Stalin eliminó no habían querido abandonar Rusia, deseaban servir a su país sin traicionar sus principios, sus ideas. Seguían la tradición de la *intelligentsia* rusa de hacer buenos actos, cosas con sentido y buenas, y se hicieron trabajadores de la cultura. Crearon museos, bibliotecas, intentaron salvar lo que la aristocracia había abandonado. Se hicieron educadores, maestros, sin pedir nada a cambio. Fueron ellos quienes levantaron el país en aquellos años. Eran gente con los ojos puestos en el futuro.

Y repito, todo esto vuelve ahora. Lo primero en activarse, lógicamente, fueron los instintos comerciales, pero tenemos una tradición que se ha hecho sentir. A los colegas extranjeros que me visitan siempre les alegra ver en el metro que los moscovitas siguen leyendo literatura, no sólo periódicos. No viviré para verlo, pero confío en que llegará el momento en que la cultura vuelva a ser considerada lo más importante.

Cuando visito archivos en el extranjero, siempre me asombra encontrar allí a un lector no común, no especializado. Porque quienes los visitan no son historiadores profesionales, sino gente normal y corriente que desea conocer el pasado de su familia, de su casa, de su país, de la región donde nacieron. En Holanda, en Bélgica, en pequeños países. Aquí todo esto desapareció porque los padres temían decirles a sus hijos quiénes eran y de dónde provenían, porque cualquier búsqueda verdadera, científica, tiene como objetivo llegar a la verdad, y la verdad estaba llena de peligros: salía a relucir que cierto pariente se había ido al extranjero, que otro había sido acusado como «enemigo del pueblo». Y como debía, para ser aceptado en cualquier trabajo, rellenar un cuestionario, era mejor no saberlo, escribía que no sabía quiénes eran sus parientes, ni cuál era su origen. De ahí que los padres mintieran a sus hijos, se rompiera todo vínculo con el pasado. Ahora, sin embargo, hay todo un movimiento encaminado a devolvernos esa cultura. Este año se celebraron concursos de escolares. Se les pidió escribir una composición sobre «La historia del siglo XX y mi familia». Presidí el jurado en uno de ellos. Lo que nos asombró fue cuántas composiciones, en comparación con las de hace unos años, son ahora más libres.

Debemos estarles agradecidos a las personas de mi generación y a las de la generación anterior. Porque muchas de ellas no sólo no cedieron ante la enorme presión, sino que fueron capaces de crear, en torno de sí, una atmósfera de normalidad. Le daré las memorias sobre Iván Ivanovich Zelentsov, mi maestro de escuela. No sólo fue una persona valiente, sino que tenía una profunda vocación. Y es una desgracia no sólo de Moscú, sino de toda Rusia, que al magisterio hoy hayan entrado mayormente personas que no poseen esta vocación. Sólo dos profesiones la exigen en tan alto grado, la de maestro y la de médico. El maestro es quien quiere enseñar, el médico es alguien que lo sacrifica todo para que las personas no sufran, que compadece al enfermo.

A diferencia de San Petersburgo, una ciudad de funcionarios, Moscú fue siempre una ciudad popular y democrática, en la que los paseos populares, las procesiones religiosas y las fiestas de primavera jugaban un gran papel; yo recuerdo las multitudes. Y ahora, en cierto sentido, también esto renace, aunque los moscovitas mismos no se den cuenta, no lo entiendan, crean estar siguiendo ciertas modas extranjeras; sin embargo, esto es algo que está en la tradición moscovita, en sus genes, un uso menos oficial, de la misma plaza Roja, donde se organizaban paseos estivales. Si usted lee las memorias ve cómo se vendían rosquillas, silbatos, la multitud se desplazaba, se besaban los jóvenes, en algún lugar humeaba un samovar, las nanas paseaban a los niños. Todo esto desapareció, pero ahora está resurgiendo. Aparece de nuevo esta cultura de la plaza, a la que iba no solo el pueblo llano. A Pushkin, por ejemplo, le gustaba, y todos veían a Pushkin en las plazas, todo Moscú. En su infancia a Dostoievski lo llevaban a estos paseos, y lo recordó toda la vida. Se restablece la comunicación pública que tanto tiempo estuvo limitada a la cocina. Había desaparecido porque las personas tenían miedo, por todos lados había soplones, y cuando una persona bebe, se le suelta la lengua, y todos tenían a alguien preso: un tío, una tía. Y la gente procuraba no salir, no mostrarse.

Cuando era niño en nuestro edificio se juntaban todos los vecinos y organizaban fiestas infantiles: los niños recibían regalos, cantaban… Yo era hijo de un profesor, pero nos juntábamos, todos nos conocíamos. ¿Y ahora qué? No conozco prácticamente a nadie. Aunque todo esto vuelve un poco, porque tienen perros, salen a pasearlos; si dejas el auto fuera, pues estás al tanto del tuyo y del del vecino. Poco a poco vuelve.

4

Hoy queda poco espacio para alguien que quiera consignar, como en un libro de viajes del XIX, un atavío especial, el atuendo de una «rusa» («atuendo de pastoras rusas», «atuendo de lecheras moscovitas»). La homogeneidad planetaria elimina esa posibilidad: se visten aquí igual que en cualquier otra capital de Europa. Sólo que a veces muy elegantes. Demasiado elegantes. Un detalle. Las rusas (los rusos no, se visten más o menos bien, sin fantasía) interpretan las directivas de las revistas de moda al pie de la letra. Salen a trabajar con los vestidos más fantasiosos de las pasarelas. Uno (yo) pudiera pensar que así, de este mismo modo un poco demasiado fiel, se aceptaron en este país las ideas del marxismo.

Y los tobillos. Podría hablar de los tobillos en extenso. La moda de los pantalones recogidos a mitad de la pantorrilla (¿pescadores?, ¿les llaman pescadores?) me permite inventariar los preciosos tobillos de Moscú. Podría hablar de ello como un admirador de tobillos del XIX. Podría subir luego, ascender a un escalón superior de análisis, las rodillas pongamos, pero prefiero hablar de los tobillos, quedarme en los tobillos como un elemento exquisito. Y bien: no hay capital del mundo donde se puedan admirar mejores y más bellos tobillos que en Moscú.

En la capital hay un millón de mujeres más que hombres.

Camino desde la plaza Pushkin en dirección a la estación de Bielorrusia. Paso por frente de boutiques caras, Hermès, Christian Lacroix. Algunas con la leyenda en verde de rebajas del cincuenta por ciento, que una vez adentro, inspeccionadas las etiquetas en las prendas, resultan tan caras como si jamás hubieran sido rebajadas. (Quizá las suben primero, para luego «rebajarlas». No me interesa.) Y junto a un café, The Great Canadian Bagel, por fin la tienda que busco: Tom Klaim.
Una historia de éxito: la primera firma rusa de modas que ha alcanzado ventas millonarias. Todo mármol y brillo. En el mismo centro de la ciudad. El resplandor de la colección para este verano. Una especie de caftán largo, precioso (me explican luego, en detalle: tela natural, lino bordado, un trabajo muy fino). Y más vestidos que admiro en un catálogo con la misma modelo en todas las fotos. Francamente fea o poco agraciada la modelo (a pesar de las mujeres que se ven en la calle, que acabo de ver).
La modelo bastante fea, pero los trajes, los atuendos, excelentes y muy amable la muchacha de la tienda. Mientras sostengo la manga del caftán, de espaldas a ella, falsamente ensimismado, considero mentirle con relación a mi libro (la experiencia con los musulmanes lo aconseja), pero

no, le digo la verdad. Entonces me proporciona (eso, me proporciona) el teléfono de la oficina central y me aconseja que hable con el departamento de marketing. Un alivio: la entrada del mercado. «Tenemos —me dice— una tienda en París.»

Cuando estoy frente al edificio donde, según la dirección que me han dictado, tiene sus oficinas Tom Klaim (la razón social y el hombre) pienso que me he equivocado. Un palacete con una fachada en semicírculo, con una escalera desdentada y polvorienta, y una placa negra con letras doradas.

Me recibe el mismo tipo de adolescente malo que se ha hecho guardaespaldas en toda Rusia. Me pide que lo siga a una habitación donde encuentro a tres hombres con aspecto de haber trabajado alguna vez para los servicios secretos: cuarentones musculosos con el pelo corto. Todo esto me disgusta ya grandemente. Exigen mi pasaporte, toman mis datos. No con la cotidianidad con que se hacen pases en algunas empresas, con señoritas sonrientes, sino tres hombres no jóvenes, con los hombros echados hacia delante, estudiando atentamente el librito de mi pasaporte, sin relajarse un segundo.

Sigo al joven de la pistola bajo la axila. Avanzamos por el pasillo mal iluminado, el parqué desnivelado, el mismo aire de institución gubernamental pobre en fondos. Aprieta un botón, se abre la puerta de un elevador minúsculo, en el que apenas cabemos. Me hace pasar primero, y embutidos como en el estribo de un autobús estudio de cerca su espalda (de pared a pared). Absurdo el elevador y absurdo que tengan un guardaespaldas dos o tres tallas más grande que el elevador.

Entonces, tras todas esas estrecheces, por fin, injertada en el tejido vetusto de aquel edificio, aparece la puerta de hierro (tapizada con vinil acolchado) de las oficinas de Klaim. Y adentro, lógicamente, una secretaria delgadísima de huesos largos y melena corta. Muebles negros, italianos, alfombra por todo el piso. Todavía, antes de entrar, surge una pequeña cuestión con el dictáfono: me quieren prohibir que pase con él (por razones de seguridad). ¿Cómo, le digo, le haré la entrevista? Mi disgusto y mi miedo (irracional, claro está), creciendo. Ya arrepentido de haber pedido la cita, de estar aquí, como un esquiador que sube a una base a dos mil metros y descubre el mal tiempo, la ventisca, los escasos turistas.

5

Tiene ese estilo ruso de la mirada hosca (Putin, por ejemplo). Ni en la portada de una revista Mundo de las estrellas *junto con Nicolas Cage, Tom Hanks y alguna otra celebridad rusa aparece sonriente; todo lo contrario, enigmático y amenazador. Nada que recuerde a un diseñador de alta costura. Usa lentes de pasta de mucho estilo y luce un bronceado profundo, quizá de Sardiña.*

Como le sea más cómodo. Puedo responder a sus preguntas. Ésta es información vieja, la de esas revistas, ya no la reunimos, porque ahora publican mucho sobre nosotros, en todos los medios, sobre la compañía Tom Klaim. He pasado a la historia del siglo XX ruso, algo que me resulta particularmente agradable destacar, como una de las personas más conocidas y populares. Hago ropa. Y Tom Klaim es mi principal compañía, aunque también manejo otras quince marcas propias. Fabrico abrigos de piel, accesorios, perfumes, lencería femenina. Varios cientos de tiendas en toda Rusia y también en el extranjero. En el extranjero, claro. Una en París, aunque nos estamos mudando. Estábamos en el centro de París, frente al Palais Royal. Y este año abrimos otras dos tiendas en París. Tengo representaciones en Holanda, en Alemania, en Suiza; en Canadá hemos reanudado las negociaciones. Mucho trabajo, como ve. Pero no todas las tiendas me pertenecen, naturalmente. Algunas son mías, otras son franquicias.

No estamos orientados a la alta costura. Tenemos colecciones de alta costura, como para declarar que la compañía elabora moda y vive en la moda, pero un noventa y nueve por ciento de la ropa que producimos es para aquellas mujeres que quieren verse a la moda, actuales… Y que esté al alcance de su bolsillo. El asunto es éste: tenemos de doce a veinte líneas, varía constantemente. Las más baratas están entre los veinte o treinta dólares, y las más caras llegan a varios miles de dólares. Todo depende del comprador. Cada cual escoge la línea que más le conviene.

Creé la firma en 1992. Hace ocho años, es decir. En el 2002 celebraremos el décimo aniversario. Me dediqué a esto creo que por intuición. En los negocios, sepa usted, se dan a veces una serie de acontecimientos, de circunstancias, que pueden cambiar tu vida. Es cosa de suerte, de tener ciertos conocidos, un giro del destino. Yo hacía ropa desde antes de la perestroika, hace veinte años. La cosía yo mismo. En aquella época Rusia era un país cerrado, la iniciativa privada era mal vista. Todo se hacía en pesadas condiciones, se reclutaba a personas que hacían algunos trabajos y, lógicamente, en aquel entonces intentábamos imitar los estándares mundiales, copiábamos para ganar dinero.

Mi ropa se ha vuelvo popular, la gente la usa, es de prestigio. En estos años debo haber fabricado varias decenas de millones de vestidos para mujeres. La mitad de las mujeres rusas han tenido algún contacto con mis vestidos, o bien los han visto o bien los han comprado. Y existe un determinado sector femenino, varios millones, que no deja de comprar nuestra producción.

Ahora quiero lanzar una línea para hombres, en un plano experimental. Es que he chocado con esto: me encargo trajes con firmas caras y no siempre recibo lo que quiero. Y sueño con poder vestirme en mi propia firma y ofrecerle esta ropa a quienes desean vestirse con estilo y a la moda. Es un experimento que ya está en marcha.

Nuestro más grave problema es el mismo que en todo el mundo: conseguir buenos diseñadores. Como sabe, soy el dueño de la compañía, ya casi no diseño ropa. A veces señalo cierta tendencia, pero ya no dispongo del tiempo para dedicarme al diseño. Me preocupa encontrar diseñadores que puedan recibir la estafeta, pero no es tan sencillo, porque ésta es mi vida, no se lo puedo dar al primer diseñador que aparezca. Son jóvenes, lógicamente. Pero hay entre ellos algunos con perspectivas, algunos de los que serán más cotizados, los clientes hablarán de ellos y no queremos malograrlos desde el principio sacándolos bajo mi marca. Es decir, los sacamos bajo sus propias marcas, lo que constituye también una especie de sondeo del mercado, vemos cómo el cliente los recibe y analizamos si vale la pena contratarlos, porque, como ya le dije, cuesta mucho dinero, implica un riesgo. Creo que este experimento, que comenzó hace literalmente un mes, va a tener éxito.

No, no fabrico accesorios ni calzado. Dese cuenta de que Rusia comenzó a reformarse tan sólo hace diez años. Y es un plazo muy corto para establecer contactos. Tampoco hay que olvidar que si quiero sacar zapatos, no puedo encontrar en Rusia socios que me garanticen la calidad necesaria. Y encontrar socios extranjeros en tan corto plazo es muy complejo. Lógicamente, algún día lo haré, pero lleva tiempo. Tomemos cualquier marca occidental conocida: su edad promedio es de cuarenta o cincuenta años. Además, son de gente que nació en ese mundo, que recibió el negocio de sus padres, ya existían ciertos contactos. En Rusia nada de eso existe, la infraestructura no ha sido creada. En una ocasión encargué una partida de calzado, pero decidí no venderla de lo mal que la habían hecho. Lo mismo me pasa con los accesorios, porque aquí, repito, no existe la calidad necesaria. Para no ir más lejos: hace unos días decidí preparar unos regalos para Año Nuevo. Necesito unas bolsas, yo mismo las diseñé, unas bufanditas y otros accesorios. Y al momento me topé con el problema de que aquí nadie me puede estampar pañuelos con la calidad necesaria. Debo mandarlos a estampar a Hong Kong, lo que no me agrada, como industrial ruso. Y entonces debo decidir si abrir yo mismo una línea para estampar pañuelos, que no la necesito para nada, porque producir sólo cien mil pañuelos no tiene ningún sentido. La misma historia con las bolsas, unas bolsas simplísimas, nadie las puede coser. No sé por qué, quizá porque en Rusia ahora preocupa más el petróleo, no sé qué problemas, pero no quieren dedicarse al intelecto. Y eso que en todo el mundo el intelecto es lo que más cotiza. Si tomamos a América…

¿Tom Klaim? Sí, suena como un nombre americano, pero no, no es por eso. Lo que sucede es que en 1992, cuando estaba en Canadá, no era muy lógico registrarme como Klimov, porque yo comencé mi negocio en Canadá. No, no había emigrado. Fui allí como turista. Y al llegar un aduanero comenzó a leer en voz alta mi apellido: Klaim, Klaimov… Luego pensé: Tolia Klaim, no suena mucho. Pero Tom me recuerda a Anatoli. Como un segundo nombre, ¿por qué no? Y ahora hasta me han propuesto cambiarme el nombre en el pasaporte, je, je. Pero no he aceptado. Porque también uso el de Klimov. En Francia, una línea mía bastante cara. Pero sí, Tom Klaim suena bien, sugiere una gran marca. Porque el nombre de una marca tiene gran importancia, si es sonoro o no, para que se le recuerde. Y Tom Klaim se recuerda más que Klimov. Aunque también ya se conoce. Pero no ocurrió tan sencillo como lo cuento: en Canadá gasté como tres o cuatro años estudiando aquel mercado. Vendía ropa en Rusia y luego en Canadá, y sólo al cabo de cuatro años me radiqué en Moscú y ya de aquí no salgo. No, no fue cuestión de suerte, sino de mucho cálculo…

6

Fue la última persona que vi en Moscú ese verano. Cuando salí de aquel edificio, bajé sus escalones en semicírculo, me dije: quiero irme de este país, ahora mismo. Lo había visto, a Klaim, perfectamente como a un blanco. Uno de esos industriales, hombre de negocios, que caen como moscas, abatidos por una cacería implacable. Y mi demasiada curiosidad, este libro, me había llevado a su cercanía. Como si me hubiera paseado por un polígono de tiro. O volado con una bandada de patos en plena temporada de caza, levantada la veda. Los matan ciertamente. Casi a diario.

Lamenté amargamente haber ido a Moscú, haber elegido esta ciudad cuando podía haber viajado a El Cairo o Calcuta. (En un momento pensé que no lo escribiría –lo de mi amargura–, pero ¿no es una experiencia, una significativa e insoslayable experiencia?) No volveré en años, volví a decirme. Atravesado por la presión que se siente en el aire, que lo penetra y tensa.

    Nervioso por el peligro que flota en cualquier tarde. Nunca antes, en los años que viví aquí, había mirado yo con tanto recelo y temor a los hombres que viajaban en un miniván. Yo había sido parte de ello, parte de aquel peligro, por decirlo así. Figurante en aquella obra de rudeza y vigor elementales. Comía yo en la calle aquellas horribles empanaditas fritas como lo había visto hacer ahora y también había vendido cosas (contrabandeado, véase *Livadia*) en aquellos quioscos que ahora me parecían llenos de bandidos (y lo estaban). Pero sin temor, antes, de entrar allí, a hablarles, introduciéndome en el apretado interior de los quioscos, lidiando con ellos, remedando sus modales, medio bandido yo también y por eso, lógicamente, sin miedo.

(Me había ablandado. Siete años fuera me habían ablandado.)

Disgustado por la limpia (babilónica) indiferencia hacia el individuo, la persona. El estado policial. Forzándome a delinquir, a eludir trámites absurdos, a probar, en muchas tiendas, el color de la tinta con que falsificaría el registro de estancia, lo que termino haciendo y olvidándolo la noche que me detiene una patrulla a la salida del Voodoo. Y dentro del jeep, absolutamente tranquilo, relajado, cuento la suma del rescate, otros diez dólares. Y le digo antes: tengo sólo cuatrocientos rublos, no me vayan a dejar sin dinero. Y el sargento, un joven de bigotes, hasta se indigna, ¿pero crees que no somos personas? ¿Cómo haríamos algo así?

(Se lo explico ahora: no me registré porque es un trámite que lleva todo un día. Un vía crucis al que tu anfitrión debe acudir con los papeles del apartamento en regla, formarse en una larga cola con las demás personas de la circunscripción que tramitan algún otro permiso de los muchos que existen. Debería, además, acreditar su condición de moscovita, lo que le da derecho a recibir visitas en su propia casa por un plazo, sin embargo, no mayor a treinta días renovables, previo pago de una cuota, no allí mismo, sino en el banco: otra cola, otro trámite, otra mañana. Un infierno. William, mi amigo, además, se iba a Chipre al día siguiente de mi arribo y no tiene, simplemente, tiempo.)

En el aeropuerto me siento a una mesa de plástico rojo, con sombrilla de jardín y un letrero escrito con pluma azul y pegado con scocht: «No sentarse en esta mesa con comida ajena» (con «producción» ajena, según el más puro ruso burocrático). En la mesa vecina, una mujer toma cerveza (también aquí) y un joven con voz de barítono anuncia apuestas desde el interior de una cabina. Hay quien juega, a pesar de la hora, las nueve de la mañana. Hacen café a la turca, asombrosamente. Muy trabajoso, en un cazo de cobre que calientan en arena. También venden panecillos con caviar rojo y finos cortes de esturión.

Antes de abordar, compro en la tienda libre de impuestos una de aquella botellitas de Smirnov el bueno. No calculaba comprarla, pero cuando la vi en los anaqueles, me decido. Ya les dije: cuadradas, simpáticas, agradables de empuñar, cómodas para escanciar, y sentarse luego, con mucho tiempo por delante, a miles de kilómetros de aquí, a estudiar a fondo la ristra de medallitas, descifrarlas.

EN EL AIRE OTRA VEZ

1

Todavía antes de irme, para que la última persona con la que hablo no sea Klaim, converso con uno de aquellos limpiabotas asirios, una mujer ya no joven que tiene una caseta frente a un restaurante de comida mexicana, en la Pushennaya. Le compro un cepillito con cerdas de goma para zapatos de ante (me llevo un par de Moscú).

«¿Que querías?», me dice desconfiada. «Es que trabajaba antes aquí, en este restaurante» (miento). «Trabajabas aquí... –repite–. ¿Y ahora vas a verlos, a tus amigos del restaurante? Muy bien, muy bien...» (siguiéndome la corriente, desconfiada). «Oiga, hace mucho que quiero preguntarle, ¿es usted asiria?» «Ujú, ujú» (asiente con un suave movimiento de cabeza, sin dejar de mirarme). «¿Y qué es eso, una nacionalidad?» (asiente en silencio). «¿Antigua?» «Antigua, sí. Qué, ¿no conoces la historia del mundo antiguo? *Por favor* (a un cliente que escoge un par de cordones). *¿Éstos? Quince rublos. Éstos también quince, pero aquéllos, los cortos, en diez.* «Pero vete, hijito (a mí), no te quiero retener. ¿Querías preguntarme algo más?»

«¿Entonces es usted de Asiria?» «Sí, de allí vinieron mis abuelitos. Pero acérquese (porque la sirena de un auto se ha disparado). Sí, durante la guerra turca, cuando en Turquía mataron a los asirios y a los armenios, para obligarnos a convertirnos al islam, pero nosotros éramos cristianos… Asiria fue uno de los primeros estados, y la primera civilización y luego los turcos, en el año 14 (cuando dice «en el año 14», tal parece que hablara del año 14 después de Cristo, pero no, es 1914) nos atacaron y los nuestros huyeron, nuestros abuelitos. Algunos huyeron a Rusia, otros a América, otros a Francia, algunos a Australia o al Cáucaso. Y llegaron aquí. Sin conocer la lengua, analfabetos. Y se instalaron en estas casetas, a remendar suelas, sin poder hablar… (La interrumpe otro cliente.) Ven acá, hijito, para terminar de contarte lo que querías saber. Sí, lo estudiamos en el quinto grado de la escuela, sobre el mundo antiguo. Aparece en los manuales, sobre los asirios…» «¿Y por qué se hicieron limpiabotas?» «¿Y qué otra cosa podían hacer? Es lo que han hecho sesenta años, desde cuando llegaron los abuelitos, para alimentar a la familia… Las casetas eran de madera, y en la calle hacía cuarenta grados de frío. Y éramos gente del sur, sureños. ¡Cuántos murieron! Nos dejaban los sótanos, vivíamos en los sótanos. Morían mucho de tuberculosis, por el cambio de clima… *Tengo todas las medidas* (a un cliente). *Sí, ¿cuál necesitas? Pruébatelas* (habla a todos de tú, lo que en Rusia sólo se permiten los jefes o personas con este tipo de empleo). Ésta es la historia. ¿Y por qué te interesa?» «Es que alguna vez, en mi edificio, trabajó un señor de portero. Decía que era asirio.» «¿No sería árabe?» «No, asirio. Fue él quien me habló de los limpiabotas asirios de Moscú.» «¿Sííí? Aunque, ¿sabes?, tuve una especialidad, antes: trabajé en una fábrica de vagones y luego en una tienda, Jugos y Cócteles. Llegué a vendedora superior. Pero cuando mi mamá se jubiló tomé su lugar.» «¿Ah, este lugar era de ella?» «Sí, de mi mamá, cuarenta años, cuarenta y cinco años trabajó aquí… Pero no terminé de contarte: las casetas eran abiertas, de madera, un cajón que cerraban con postigos. ¿Te imaginas?, en la calle… Tengo fotos en casa. Yo era pequeña, como él (señala al hijo de William) o todavía más chica, dormía con mi mamá, en la caseta. Mi padre me traía. Me recogía de la guardería y me traía. Dormía en ese cajón… Como si lo estuviera viendo…» «¿Y había muchos de ustedes?» «Bueno, no sé la cantidad. Mi esposo tiene otra caseta. Pero él hace arreglos, yo no. Usa el martillo, arregla suelas…» «¿Y en el pasaporte tiene escrito así: asirios?» «Claro (se ríe), ¿y en el tuyo, cómo está escrito, cubano?»

Esta obra, publicada por MONDADORI,
se terminó de imprimir en los talleres de
Carvigraf, de Ripollet (Barcelona),
el día 2 de noviembre
de 2001